Aneas

Aneas foilsithe
ag Southword Editions
inphrionta de chuid
IONAD LITRÍOCHTA an DEISCIRT
Frank O'Connor House
84 Douglas Street
Corcaigh
T12 X802

www.munsterlit.ie

@MunLitCentre

/munsterliteraturecentre

/munsterliteraturecentre

Uimhir 4
ISBN 978-1-915573-07-0

Eagarthóir
Simon Ó Faoláin

Íomhá chlúdaigh: *The Grove* le Debbie Dawson

Tá IONAD LITRÍOCHTA an DEISCIRT buíoch den Chomhairle Ealaíon as tacaíocht airgeadais a chur ar fáil

the arts council an chomhairle ealaíon
cistiú litríocht
artscouncil.ie

Clár

EAGARFHOCAL

Cad iad mórthéamaí na litríochta? B'fhéidir gur cheist gan dealramh í seo, óir tagann níos mó ná téama amháin isteach fiú sa cheathrú is gonta. Ach bíodh san amhlaidh, is féidir le beagnach gach éinne a aontú ar an bpeidhre síoraí .i. an Grá agus an Bás. Ceadóimid cinnlitreacha dóibh mar sin. Agus domsa, ach go háirithe, an triú mórthéama ná an Dúlra. Tá an téama seo chomh huileghabhálach san is go bhféadfaí ní hamháin saol mór an nádúir agus gach a mbaineann leis a chuimsiú ann, ach formhór na beatha daonna ar an dul céanna, ag glacadh leis nach duine thú a chreideann fós gur dearbhdhifríocht seachas difríocht chéime atá idir an duine agus neacha beo eile. Fós, seo sainmhíniú chomh leathan san go bhfágann sé an téarma gan aon bhrí fheidhmiúil. Ar an mbonn san, déanfam litríocht an Dúlra a theorannú anseo mar seo: scríbhneoireacht a chaitheann le neacha beo neamhdhaonna mar chuid réasúnta lárnach dá dlúth agus inneach.

Níl aon dabht ach gur ceann de bhunchlocha na litríochta Gaeilge í litríocht an Dúlra. Tá an pointe seo seanphléite agus seanchruthaithe. Ní gá dúinn ach cuimhneamh ar fhilíocht luath na manach; mar shampla na claisicí 'Scél lem dúib', 'Int én bec', nó an díospóireacht idir Marbhán agus Guaire; agus – beagán níos déanaí – prosóid radacach 'Buile Shuibhne'. Seo stádas a d'fhan amhlaidh sa thraidisiún aníos go dtí lár an chéid seo chaite. Bhí an duine fite ina chuid de thaipéis na beatha agus bhí an domhan beo ann sa chumadóireacht mar ábhar agus mar mheafar acu de shíor. Ach bhí cúrsaí ag sleamhnú i gcónaí agus maidir leis an Dúlra, ní shroichfí dlúithe shaoráideach ná aontacht na luathlitríochta thuasluaite arís.

Lárnacht sa Dúlra, ní staid ghearr neamhthipiciúil a bhí sa staid seo, ach *status quo* ab ann dó leis na céadta míle bliain, ar a shon is nach raibh an scríobh ann chun ealaín na ndaoine seo a bhreacadh. Cathain a tosnaíodh ar litríocht bhéil a chumadh? Ní mór, dar ndóigh, ná gur i ndiaidh chruthú na teangan agus na cainte a tosnaíodh uirthi, agus seo rud nach bhfuil dáta cruinn againn dó. Ach de réir an eolais is fearr dá bhfuil againn i láthair na huaire faoi éabhlóid an duine, seans maith gurb iad *Homo hiedelbergensis* na luathdhaoine a chruthaigh an chaint, dream a léiríonn "lingeacha" móra eile leithéidí fiach le hairm agus cócaireacht, anuas ar inchinn a bhí i bhfad níos mó ó thaobh toirte dhe ná a d'imigh rompu. Bhí an saghas seo duine ann idir timpeall 700 agus 500 míle bliain ó shin. Agus má ghlactar leis go bhfuil an tsamhlaíocht bhunaigh chéanna ag teastáilt chun teanga agus litríocht araon a chruthú .i. an cumas smaointeoireacht shiombalach a dhéanamh, is féidir cás a chruthú gur gearr ina dhiaidh sin a cruthaíodh an litríocht bhéil.[1]

1 Bhí réamhriachtanas eile den litríocht ann le fada, an cumas 'bréaga' nó 'ficsin' – an rud nach bhfuil fíor – a chumadh. Tá an cumas seo ann leis na milliúin bliain, óir tá an simpeansaí in ann bréaga a insint, agus gach seans go mb'amhlaidh lenár sinsir, a scair le sinsir an simpeansaí idir 7 agus 5 mhilliún bliain ó shin.

Os rud é go raibh an duine ag maireachtaint ina chuid den chruinne nádúrtha ó shin i leith nó gur cruthaíodh an scríbhneoireacht, is féidir linn glacadh leis go raibh litríocht Dúlra á cumadh thar na cianta móra fada seo, mar ar shlí ní raibh malairt ann, bhíomar inár gcuid den Dúlra i gcónaí. Agus ag tús na litríochta scríofa tá sé fós ann go tréan, cé go bhfuil sé tosnaithe ag sleamhnú cheana féin. In eipic Ghiolgaimis [*c.* 1,300RC] tá an Dúlra ina rud gur gá daoine – ar nós Enkidu, dlúthchara Ghiolgaimis – a mhealladh amach uaidh i dtreo shaol na cathrach chun go mbeidh siad ina ndaoine cearta sibhialta. In eipicí Hóiméir [*c.* 800 RC] tá ról litríocht an dúlra cheana féin teoranta go mór do mheafair agus samhlacha, bíodh is gur samhlacha sínte mionsonracha iad go leor acu. Baineann seo le stádas cathrach Homer agus a chomhaoiseach, ag cur fúthu i leaganacha luatha den *polis*, baile daingnithe na nGréagach. Fiú san Iarannaois ba lucht cathrach iad cheana féin ag an am seo (cé nach raibh fiú na 'cathracha' Gréagacha is mó sa ré Mhícéineach seo chomh mór le Daingean Uí Chúis féin), bíodh is go raibh ceangal láidir acu leis an tuath go fóill, agus mórchuid de lucht cónaithe na mbailte ag dul ag obair ar an talamh lasmuigh de na múrtha consanta gach lá. Bhí ionnanú an duine leis an taobh tíre tuaithe – agus dá bhrí sin leis an Dúlra – ag lagú cheana féin. Agus de réir mar a thagann an lagú, is is mó a bhíonn ídéalú neamhréalach, nó ar a laghad easnamhach, ag teacht sa treis. Tá seo le feiscint go paiteanta i litríocht na Rómhánach, in Eaclóga agus Seoirsicí Virgil go háirithe, ach fite trí mheon scríbhneoirí na Róimhe agus a hImpireachta trí chéile, é i gcónaí mar aisling acu – más fíor – uisce faoi thalamh agus fleánna craicinn na príomhchathrach a thréigint chun dul ag caitheamh an tsaoil shimplí ar fheirm bheag amuigh faoin tuath.

Díol suntas is ea é, mar sin, tar éis titim don Róimh, nuair a bhfaighimid spléachadh ar mheon atá fós ag labhairt amach as caidreamh níos dlúithe leis an Dúlra, le tús litríocht scríofa na nGael, na mBreatnach agus na nAngla-Sacsan. Tá úire agus nasc díreach lena n-ábhar ag na litríochtaí nua seo nach raibh breith ag iarrachtaí *pastourelle* na scríbhneoirí Claisiceacha orthu. Bhí an ceangal díreach laethúil leis an Dúlra fós beo rábach sna ciní seo go raibh an saol cathrach amach rompu go fóill. Agus ní haon ionadh gur manaigh a bhí, is cosúil, imithe amach ar an díthreabh nó ar an díseart san fhásach, a bhí sna daoine a scríobh na giotaí is dírí agus is mó iomas faoin nádúr, gan dul i muinín na teibíochta. Ní hionadh ach chomh beag go bhfuil na tréithe ceanann céanna le brath ar fhilíocht mháistrí *Tao* na Síne a chuaigh amach ar an alltar ar a macnamh. Bhí meon agus timpeallacht i gcoitinne ag an dá dhream, is iad ag scríobh amach as, seachas faoi, an Dúlra.

Mar atá ráite thuas, tá an cine daonna, ar an mórgóir, ag ceiliúradh le fada, céim ar chéim, ón dlúthnasc a bhí aige leis an Dúlra as a d'eascraigh sé. Sa Ghaeilge, bhí an cúlú céimneach céanna ar siúl, agus is dóigh liomsa gur tháinig an céim is déanaí le Seán Ó Ríordáin. Ná bíodh míthuiscint ann, ba mhórfhile an Ríordánach a bhí riachtanach chun tradisiún na nuafhilíochta Gaeilge a thabhairt isteach sa saol reatha. Ach ní gá go mbeadh gach aon ghné den ollthionchar a d'imir sé ar an litríocht dearfach. Níorbh ann don saol nithiúil dó, ach é sáinnithe ina intinn féin i gcónaí, chun gur chruthaigh sé caisleáin íona intleachtúla, is gur dhaingnigh sé an dearcadh déachúil ann a bhaineann leis an aonrú agus an duine mar indibhid nach bhfuil fite ina chuid de ghréasán i bhfad níos leithne (d'aithin Eoghan Ó Tuairisc an tréith seo i bhfilíocht Uí Ríordáin mar rud 'Mainicéasaíoch'[2]). Bhain sé lena ré féin agus bhí san go maith. Bhí a leagan féin den eiseachas Críostaí ag luí go foirfe le spiorad a linne in Éirinn. An fhadhb ná gur ar éigin go bhfuilimid bogtha ar aghaidh mórán sa leathchéad bliain ó shin. An meon a bhí ag Ó Ríordáin, ní hé féin do cheap, ar shlí, ach a chúinsí truamhéalacha pearsanta (mar a scríobhann Pádraig Mac Fhearghusa faoi san eagrán seo thíos, 'b'é an galar a dhein file cumhachtach de'). Is as an ábhar searbh úd a chruthaigh sé a shaothar le dua agus crógacht. Ní raibh malairt ann dó. Ach d'fhéadfaí a rá gur réamhspléachadh iad a shaol agus a fhilíocht ar an áit ina bhfuilimid uilig ag triail, mar shochaí, mura dtagann athrú meon agus fealsúnachta chughainn.

Tugann san mé thar n-ais go dtí an ré atá inniu ann. Cad é staid fhilíocht an Dúlra sa Ghaeilge anois? Déarfadh duine ar bith go bhfuil lear mór dánta á scríobh faoi scáth sceimhlitheach na géarchéime iltoisí reatha: athrú aeráide agus teip bhithéagsúlachta na gnéithe is mó agus is measa de seo. Ach, an ionann 'éicea-filíocht'/filíocht agóide agus filíocht Dúlra? Is mithid, más mall, do mhórchuid scríbhneoirí bheith ag dul i ngleic leis na fadhbanna seo, óir tá a leithéid ar cheann de dhualgais an fhile. Is deacair filíocht agóide a scríobh, is cuma cén ábhar, a sheasfaidh níos faide ná aga gairid. Agus fós, is féidir filíocht mhaith agóide a scríobh faoin ngéarchéim timpeallachta gan í a bheith ina filíocht Dúlra, dar liomsa.

Cad é a bheadh mar chomhartha sóirt ar dhán maith Dúlra, mar sin, bíodh sé ag ceiliúradh nó ag caoineadh nó díreach ag machnamh ar an mbith beo? A leithéid seo: ní leor scríobh faoin Dúlra mar ábhar, is gá go mbeadh an Dúlra, leis, ina lionsa trína bhféachann an file uirthi/air féin agus ar na mórcheisteanna a bhíonn ag dó na geirbe aige. Ní mór don bhfile, ar nós na sean-fhilí Gaelacha nó Síneacha a luaigh mé thuas, iarracht a dhéanamh scríobh amach as an Dúlra, mar dhlúthchuid de, ag ionannú leis. Níl a leithéid seo faiseanta, mar go dtéann sé seo i gcoinne an meon déachúil atá forleathan inniu, go háirithe i measc daoine níos intleachtúla. Seo meon a dhealaíonn corp ó aigne, duine ó dhuine, daoine ó gach neach eile, agus duine ó Dhúlra. Ag deireadh, deirim, má thá dán ag cáiseamh nó ag caoineadh na tubaiste timpeallachta seo le bheith ina dhán Dúlra, ní mór don bhfile scríobh leis an gcaill, leis an macántacht agus leis an dlúth-aithne a bhíonn ag iníon nó mac atá seasta ag caoineadh os cionn cónra a m(h)áthar féin. Ní leor níos lú.

Simon Ó Faoláin

2 *Religio Poetae agus Aistí Eile*, eag. Máirín Nic Eoin (An Clóchomhar 1987), lch. 147.

Ceapadh tuile

Eoin McEvoy

seachnaíonn tú an tríú pionta
chun an comhrá a choinneáil
cúbtha agus géillim
chun an breo ionam a choinneáil múchta
ach tá an slua éisteoirí dár mbrú
  go bog isteach ina chéile
 faoi thonn an cheoil
agus airím trím léine
        do theas
tá fuar agam
do chumhrán a choinneáil
óm chuimhne
    titim siar im sheasamh
        faoina bharróg
        faoi t'ascaill
    táim casta faoi do cholainn
        i bhfostú i do bhraillín
                sínte
                seasta
        taobh leat fós
ag cúl an tseomra ag an ngig seo
agus seachnaím tarraingt do shúl sa tost idir poirt
                                          ar fhaitíos

fiafraigh arís díom fáth mo chiúnais
ní cheilfead ort an fhírinne
gur doimhne mo chion ort ná leithead Mhuir Éireann
                                      is gur furasta bá ann

An Bhó Anallód

Ceaití Ní Bheildiúin

sleamhnaíonn gamhain baineann
go sliodarnach ar an saol
amach ar féar –
ábhar bó, foinse bainne

ar thalamh bog
go rúnda i measc geitirí
spréachann na chéad uiscí
a thionólann ina sileán

cnuasaíonn srúill bhríomhar
luas, solas, eolas
is leathnaíonn go ngluaiseann
mar aon lena deirfiúracha

socraíonn scaoth sruthanna
ar suí a dhéanamh, scíth
a ligean, linn a fhabhrú
tostann go séideann an ghaoth

cogarnaíl gach áit
os cionn uisce chúraigh,
bandéithe na Bóinne
i gcaibideal

cad tá á phlé?
doimhneacht is dul le fána,
dath is tart na cré,
uile chruth i ndéanamh lae,

cneas an neach nuashaolaithe,
lúbarnaíl an éisc,
éadromaíocht chirce uisce,
na hathruithe ar foluain sa spéir

crúnn murláin chloiche an abhainn
ag ceiliúradh i scairdeán
an bhó ar a lacht
an bhainne, an bhainne ag teacht

racht rince preabarnach
bléan lomrach a bhuaileann síos
a níonn is a sníonn
le huisce borrtha gléineach

deirfiúracha neamhbhuana
infhillte go huisciúil lena chéile
ar turas chuig brollach Bóchna,
athghairm le clos ón aigéan

Loch Garda
Colm Breathnach

I *Limone del Garda*

Tá na sléibhte ag titim
anuas sa mhullach orainn
ar luas geolaíoch
anseo in *Limone del Garda.*
Siúlaimid síos suas
an *Lungolago* gach lá
'féachaint an gcloisfimis
ag plabadh sa loch iad.

II *Sirmione*

Bhíomar ann lá tráth
agus tháinig cumha orainn.
Fiú agus sinn fós ar an láthair
bhí cumha orainn i ndiaidh na háite.

III *Malcesine*

Inár suí dúinn in *Porto Vecchio*
ag feitheamh ar bhád
tarraingíonn lacha ghobdhearg
ár dhá n-aird.

"Qua! Qua!"
an Iodáilis
ar "Vác! Vác!"
ní foláir.

IV *Sogno del Benaco*

(I gcuimhne ar Patsy Dan Mac Ruairí)

Taibhrítear dom go bhfuilim ar an mbád fartha
ar an loch ag gabháil ó chaladh go caladh,
Ó *Limone* ar thaobh na gréine sall go dtí *Malcesine*,
trasna arís go *Gargnano* is as sin síos go dtí *Maderno*.
Cloisim ansin glór an bhosca ceoil
is sinn ag seoladh i dtreo *Torri del Benaco*.
agus ar an gcé ag teacht le falla dúinn
chím uaim rí an bhaile ag cur fáilte romhainn.
"Benvenuti a tutti!" a deir sé, "Céad míle benvenuti go Torri."

Tuairisc Gaeltachta
Laoighseach Ní Choisdealbha

I An Fhianaise

Ligeann a bhosca ceoil
osna faoisimh sa chúinne
ón chlogadadh a fuair sé
faoi chruabharra a mhéar,
agus cloisim scríob
na mbróg damhsa
is cniogaí an mhiotail
ar leacáin chloiche
nuair a shiúlann sé amach
go teann.

Ardaíonn a athair
a fheadóg
ar nós claímhe,
an ceol á bhrú arís
in éadán na mballaí,
á phléascadh
fríd na fuinneoga,

agus go tobann
is clóscríobhán é
a bhairbíní ag bualadh
faoi bhileog an cheoil
sa teach tábhairne seo
i gCeantar na nOileán.

II An Tuairisc

Tá achan rud anseo
chomh coimhthíoch sin
do mo chluais cheolbhodhar
Lagánach
gurb amhlaidh gur ambasadóir mé,

agus mé glas ar an obair,
ó thír i bhfad i gcéin.

Ach níl caill orm –
faoi mar a scríobhaim
mo thuairisc abhaile
chuig mo cheantar dúcháis
i bhfearann m'intinne féin,
cloisimse scríob
ghob an phinn,
cniog an lánstad,
ar leacáin bhána
an leathanaigh.

Tús á chur le Dírbheathaisnéis an Mhíonótáir

Liam Mac Cóil

Fíorscéal

Teastaíonn uaim an scéal a insint, mo scéal féin, sula mbíonn sé ró-dhéanach. Cé mé, cad as dom, gach rud. Ach ní thig liom é insint i línte díreacha – an iomarca ama caite agam san áit seo. Conairí cama casta caola cúnga, sin a bhfuil ar mo chumas – pasáistí príosúin – maithigí dom an t-imeartas focal – brí eile leis an bhfocal 'pasáiste' éalú thar sáile – níl a fhios agam an in atá i ndán dom – ní móide gurb ea. Ach fanaigí liom agus feicfidh muid.

Tá súil agam nach miste libh má úsáidim an tseanfhoirm dhea-bhéasach .i. an uimhir iolra. Mar sin a tógadh mé, prionsa óg de chuid an Pháláis, deile. Níl fios a mhalairte agam. Duine béasach mé ainneoin a ndeirtear fúm agus na scéalta a insítear. Ní hamháin sin ach ba mhaith liom a chur i gcéill dom féin go bhfuil níos mó ná aon duine amháin ag léamh na nótaí seo.

Má leanann sibh oraibh, trí phasáistí na cathrach gríobháin seo is scríobh dom, a fhreagraíonn cuid mhaith do m'intinn agus do m'áit chónaithe araon, tiocfaidh sibh ar an scéal fíor .i. an fhírinne fúmsa. Gheobhaidh sibh eolas agus tuiscint. Mar tá léamh agamsa – de bharr mo staire pearsanta agus mo dhéanamh colainne – nach bhfuil ag mórán, nach bhfuil ag aon duine eile, chun an fhírinne a insint. Is é sin léamh sa chiall léargas. Mar, is dócha, le bheith iomlán fírinneach faoi, ní duine mé. (Tá léamh agus scríobh agam freisin mar is léir – rud casta í teanga.) Bígí ag léamh libh mar sin. Sula mbíonn sé ródhéanach. Sula mbíonn deireadh liom. Sula mbíonn deireadh linn ar fad.

♉

Ní duine mé. Ní duine mé ach leathdhuine.

♉

Agus cuid nach beag díom is dia é. Nó sin mar a bhí nuair a bhí ceannas againn ar ár saol féin.

An Deireadh

An é seo an deireadh mar sin? Ceist í sin a bhím ag cur orm féin go minic na laethanta seo go háirithe. Tosaím ag an deireadh. Is é sin le rá, toisc go mbraithim an deireadh ar na gaobhair, deireadh liomsa ar aon chuma, gurb in é an fáth a dtosaím ag scríobh. An deireadh a bheith ag bagairt tús na scríbhneoireachta. Ní hea. Ná ní ag scríobh baileach ach ag ardú mo ghlóir. Ag ardú mo ghlóir in éadan thorann na dtonn, béicíl na gaoithe, bailbhe báite na n-uiscí iomadúla. Bíodh is gur díobh sin mise chomh maith. Den éirí amach céanna mé. Éirí amach na ndúl. Mar sin ardaím mo ghlór ní baileach in éadan na ndúl ach ina n-éadan siúd a thug orainn éirí amach sa chéad áit. Tuigeann sibhse, Gaeil, é sin. Nach iad lucht an éirithe amach is ciontaí i gcónaí ach iad siúd a thugann orthu éirí amach sa chéad áit, mar níl aon rogha eile acu .i. gurb iad atá ciontach ó cheart an dream siúd a fhéachann le hiad a chur faoi chois, a dhéanann neamhshuim dá riachtanais is dá nádúr.

Mise

An scéal, a d'insíodh na Dúraigh fúm, ba scéal gránna é. Mise an neach ba mhíofaire agus ba ghránna sa scéal gránna sin. Seo é.

Bhí arracht ann fadó, leathdhuine agus leath-tharbh. Mharaigh sé na céadta. Bhí sé chomh fíochmhar sin gurb éigean é a chuibhriú i bpríosún nach bhféadfadh sé éalú as. Labairint a tugadh ar an bpríosún sin. Is ann a coinníodh é, ag búireach agus ag béicíl. Agus toisc gurb ann a bhí sé b'éigean é a chothú. An bheatha a thugtaí dó cailíní agus buachaillí óga.

An Bhúir

Hea! D'fhéach sibh le mé a chungú isteach anseo, mé a theanntú taobh thiar de na ballaí iarainn seo. Hea! Anois agus mé dúnta isteach i mo chuid pasáistí féin agus mo throscán ábhailleach féin agam le bheith ag spraoi leis, shíl sibh go bhféadfadh sibh dearmad a dhéanamh díom. Rinne. Rinne sibh dearmad díom. Hea. Rinne. Rinne. Ach tá acmhainní agamsa fós nach eol daoibh. Tá mé fós láidir. Agus an-láidir. Níl mo leithéid eile ar domhan. Bainfidh mé díoltas amach. Bainfead sin. Agus scriosfaidh mé sibh. An chuid is laige díobh ar dtús, agus ansin an chuid is láidre. Ní bheidh aon insint ar an scrios a dhéanfaidh mé.

♉

Mar níl aon laincis orm. Táim saor le mo rogha rud a dhéanamh. Agus táim sárchumasach. Níos éirimiúla, níos intleachtaí, níos fadaraonaí, ná an chuid is fearr díobh. Níos cumhachtaí go mór. Ní thuigeann sibh an deichiú cuid. Na hacmhainní atá agamsa. Níl oiread is an deichiú cuid ar eolas agaibh. Agus tá a fhios agam a bhfuil ar bun agam. Clár oibre, tá sin agamsa, é níos seiftiúla, níos cumasaí, níos diongbháilte. Rud nach bhfuil agaibhse.

♉

An éireoidh liom deireadh an scéil seo a bhaint amach ar chor ar bith? Tá oiread sin dua ag baint lena thosú, go gcaithfeadh amhras a bheith ar dhuine. Agus oiread sin i m'aghaidh, oiread sin daoine ar tí m'aimhleasa, ag iarraidh mé a chur den saol. Fan liom – maith dom an fhoirm neamhfhoirmeálta – go tobann airím go mór asam féin. Teastaíonn comhluadar uaim. Ní haon rud nua é sin. Mé a bheith i m'aonar ar fad. Ach anois agus mé ag síneadh láimhe amach i dtreo duine eile (duine?), (eile?), airím uaigneach. Agus b'fhearr liom compántas duine aonair tuisceanaigh seachas slua dá laghad é. Fan liom mar sin. Ná fágtar arís mé, asam féin. Tá na mílte bliain caite agam ag fanacht ar an duine teacht fad liom. Ba mhaith liom comhluadar, fiú comhluadar a chuirfeadh deireadh liom. Mar is comhluadar maith mé féin, is dóigh liom. Fan liom, mar sin. Fiú mura dtéimis in áit ar bith agus ta súil agam go dtiocfaidh. Ach fiú mura dté beidh duine éigin in éineacht liom. Tá sé na mílte bliain ó bhí.

Fadó

Ar an imeall a thosaítí an damhsa fadó. Ansin muid ag leanúint an πρώτος χορευτής timpeall, timpeall i gciorcail, timpeall agus ar ais, ag filleadh ar ár sála, agus gach ciorcal dá ndeinimis ár dtabhairt níos gaire is níos gaire don lár. Táim ag ceapadh nach fearr rud a dhéanfainn sa chás seo ná tosú ar an imeall.

Scéalta

Tagann scéala ar an ngaoth chugam. Táim in ann an ghaoth a léamh. A dtagann ar an aer chugam, táim in ann meabhair a bhaint as, mar a bheadh aibítir ann: balthaí, fuaimeanna, caint daoine, comhrá éan agus ainmhithe, seamsán agus sifearnaíl, agus boladh dóite. Geall le húrscéalta dom iad. Tráth dá raibh, b'ola le mo chroí aonarach iad na scéalta sin; boladh cumhra na tíme fiaine sna craosáin tar éis báistí, boladh na farraige agus na feamainne, boladh an fhéir sna gleanntáin agus bolthaí iomadúla na foraoise agus na gcrann péine ar shliabh Dicté aneas, agus luaidreáin ghrá agus cogar táidhe. Siosarnach mhilis.

Ach le déanaí is bolthaí dóite is mó a fhaighim, amhail is go bhfuil an mhuir seo againn féin timpeallaithe ag fáinne dearg dóiteán, lasairbhalla luaineach caoraíle domhúchta, geall leis. Rud eile dhe, le déanaí, tá ag dul díom an chaint a bheireann an ghaoth chugam a thuiscint. Teanga leathstrainséartha anois í. Agus bíonn oiread sin dá gliogaireach á breith ar an ngaoth chugam anois gur ar éigean a thig liom imeacht uaithi nó abairt amháin a dhealú ó abairt eile. Sin agus bolthaí eile nach dtaitníonn liom – íle ghéar á dó i dtobáin, agus adhmad úr á loisceadh, slaoda cac muice, na mílte iasc lofa caite suas ar an trá gheal, dusta tais agus fuarbholadh smionagair, agus deatach nimhe a bhfuil luaithreach na mílte bliain ina orlaí tríd. Tagann scaol orm. Ní thuigfeá go deo a bhfuil de scaol orm.

Má leantar ar aghaidh ag labhairt an bhéarla strainséartha seo is gearr nach mbeidh saol ar bith fanta ag aon duine againn. Ná ní bheidh duine ar bith beo a thuigfidh a bhfuil á rá againn; agamsa, ag mo leithéidí.

Tá a fhios agam go maith a bhfuil ar siúl. An seanchluiche cumhachta céanna is a bhí á imirt ar an oileán seo leis na cianta. An gceapann tú gurb í an Ghréigis mo rogha? B'éigean dom í a fhoghlaim. Cuireadh iallach orm í a fhoghlaim. Ansin b'éigean dom an ról a thug siad dom a imirt: an t-arracht, an t-ainbheithíoch urghránna, an tarbh a alpann ógánaigh; mé chomh fíochmhar sin gurbh éigean mé a theanntú i bpríosún pasáistí. Seafóid. Míthuiscint iomlán d'aon ghnó.

♉

Saol sochma spraíúil a bhí againne anseo nuair a bhí an saol ar ár dtoil féin againn. An t-aos óg ag déanamh tláithíneacht liom. Mé ag súgradh in éineacht leo. D'imigh sin. B'in é an praghas ab éigean dom a íoc ar an neamhbhásmhaireacht Ghréagach: géilleadh dóibh idir chorp is anam, teanga is intleacht. Ní raibh aon rogha agam ach é íoc; mé féin a dhíol leo.

Sin mar a bhíonn lucht gabhála, i gcónaí ag cur a míghníomhartha féin i leith an námhad a fhéachann siad le cur faoi chois. Céasadh, banéigean, marú gasúr, ár as éadan. Caithfidh siad leithscéal éigin a bheith acu as sin uile. Is é an chaoi a bhfuil sé níl an tsamhlaíocht acu uafáis nua a cheapadh agus a chur i leith an námhad, mar sin is iad na huafáis a bhfuil siad féin cleachtach orthu, agus ciontach astu, is iad sin a chuireann siad i leith an dreama a bhfuil siad ag déanamh slada orthu.

Mar a chéile bréaga. Bréagadóir gach Créiteach, a deiridís. Mar gheall ar gur breágadóirí den scoth iad féin. An bhréag a mbunús. Ní thig leo sin a admháil, mar sin deir siad gur bréagadóirí muidne; nach bhfuil ionainn ach bréagadóirí.

Ach, ní mar sin baileach atá i láthair na huaire, an taoille teanga seo atá bun os cionn lena bhfuil i gceist liomsa agus le mo shaol, ní Gréigis í ná Gaeilge. Gliogram de stocbhéarla atá acu. Íle. Boladh dóite. Aibítrí nach dtig liom a léamh. Nach dtig le haon duine daonna a léamh ina n-iomláine. Cuirfidh siad deireadh liom go cinnte. Agus ní liomsa amháin. Le chuile dhuine beo. Le chuile phobal. Le chuile bhéascna. A mbéascna féin san áireamh.

Notaí

Sin é an fáth a dteastaíonn uaim na nótaí seo a bhreacadh, sula mbíonn sé ródhéanach; mar tá an deireadh ag teacht. Ba mhaith liom ní éigin a bheith fágtha i mo dhiaidh agam. Rud beag a mhairfeadh nuair a bheidh mé imithe. Cé dó? Más é an deireadh é? Is éard is dóigh liom má tá seans ag dream ar bith teacht slán, is iad na pobail bheaga iad. Sin é an dóchas atá agam. Go mairfidh na pobail bheaga. Beagán de phobail na bhforaoisí. Beagán de phobail na sléibhte. Pobal na ngaineamhlach agus na dtailte féarach. Pobal na n-oileán. Iad sin nach mbáfar is nach ndófar. Na Gaeil abair. Sin é an fáth gur i nGaeilge atáim á scríobh seo, nach ea? Mura bhfuil dóchas agat níl tada agat.

Impiriúlachas sa Ghairdín

Gréagóir Ó Dúill

Ár mbeannacht orthu, na mionéin
A chuireann a mbratacha beaga ar foluain, a gcleití
Ina lasracha daite ag gearradh mar smionagar gloine,

Iad cíocrach isteach is amach, crua gasta thart timpeall
Ar chás na n-éan, na gcnóite,
Gob ag obair mar ar bheadh ord cuartaigh tar éis chrith talún
Iad mar loine ghasta, rialta ag soláthar
Do dhíth thionsclaíoch neadaithe an earraigh.

Ach corruair bailíonn triúr nó ceathrar de na cága móra, dúthaiséadaí
Ag greadadh, a gcleití beo le cíocras, sciatháin dhúbáilte an chóilínithe
A saint impiriúil ag bualadh sciathán le chéile,
Teicheadh ar na mion.

Mairgneach
Gréagóir Ó Dúill

Tá amhail is go bhfuair tú bás.
Do chuntanós fuar, righin,
Tú ag diúltú do bhrú phointe mo mhéire ar do chneas.

Ní mheascann ár n-anáil mar a dhéanadh, tráth,
Is ní haon chaidreamh a ní do shúil, nach fiú tuistiún
Is ceol do ghutha mar ariamh ba ghnáth, tá bodhar.

Ní fúm atá sé tú a cheadú amhlaidh, tú mar sin,
Chuirfinn spréach na beatha in athuair i do chorp,
Ach cha dtig an stair a athrú, tá mar atá.

Bran dubh is Iolar

Kaarina Hollo

Saolaíodh i sorcha idir dhá dhorcha mé.
Eití an dá bhran dubh á leathnú ar gach taobh
scáth an ocrais, scáth an chogaidh –
Saolaíodh i sorcha idir dhá dhorcha mé.

Saolaíodh mo sheanmháthair fén iolar décheannach
i gcathair Naomh Peadar ar chiumhais Mhuir Bhailt.
I mbliain na cinniúna fé sholas fann na Feabhra
Shiúil sí leis na mílte ar son chearta na mban.

Saolaíodh mo mháthair fé iolar eile
nimh ina chrúba agus gráin ina ghlór
Deirtí léi ná raibh Dia ann in aon áit
Ach glóire an chine agus an impireacht go deo.

Bhíodh mise is mo ghlúin-se ag rince sa solas
ag spraoi fén ngréin nár dhóigh sinn ariamh
tá eití na n-iolar, eití na mbran dubh
ag bagairt arís orainn, 's ní féidir éalú.

Saolaíodh i sorcha idir dhá dhorcha mé.

Oíche Bhealtaine

Peadar Ó hUallaigh

Buíochas mór na ngrást
ná fuil cogadh anso anocht,
gan ógfhir na dúthaí
ag gabháilt sa bhearna bhaoil.

Le linn na féile ársa
ní fada uainn spréach an tsaoil eile.

Cloistear sioscadh ón sceach gheal,
cogarnaíl os íseal faoin gceangal
idir saol seo na bhfuíoll againn
is na cúinsí a chuireann cogaí sa tsiúl.

Tíortha cianaosta réabtha as a chéile,
seanchathracha uaisle
gan chloch ar mhuin cloiche iontu
nár leagadh ar lár.

Murdar á dhéanamh as éadan
ar na céadta is na mílte gan urchóid.
Na milliúin ciaptha agus díbeartha
san Afraic is sa Domhan Thoir.

Na trilliúin á gcaitheamh
ar armáil mharfach i mbliana
is stocaireacht gan staonadh idir lámha
le go mbeimís féin meallta isteach
i bhfeachtais rua chogaíochta.

Luíonn londubh sínte marbh
in íochtar trá
maidin Lae Bealtaine,
na hinní réabtha de,
an taoide ag tuile
ar ghaineamh chródhearg.
An úllchraobh fé bhláth anois
ach ceolaire an alltair in éagmais.

Meas Neònach

Craobhan mu Dheas le measan cho geur,
Fuil air an duilleach 's fuil aig a' freumh,
Cuirp dhubha luasgadh san deòthan a Deas
Measan geura crochte ri crainn-chrithinn san teas.

Tìr Chinn a Deas cho mòrail na dreach,
Na sùilean tòcte agus am beul na chreach,
Fàile magnòilia, milis is ùr,
Tòchd obann na feòla dòite gu smùr.

Seo dhut meas le feannagan spìont
Le gaoth gu bhith sùghte, agus drùidhte le sìd,
Lobhte le grian, leagt à craoibh gu làr,
Cho neònach 's cho searbh am bàrr.

Leagan Gàidhlig den ambrán 'Strange Fruit' scríofa ag Abel Meeropol (ainm cleite Lewis Allan). Aistrithe ag Fearghas MacFhionnlaigh.

Toradh Ait

Crainn ó dheas lena dtorthaí ait'
Fuil ar an duille agus fuil ag an bhfréamh
Luascann coirp dhubha sa leoithne aneas
Torthaí aite crochta ó ghéag poibleog

Radharcra tuaithe sa Deisceart calma
Súile ag bolgadh agus béal cam
Cumhrán magnóilia, milis, úr
Is gan coinne, boladh de loscadh feol'

Seo toradh le blaiseadh ag préacháin
le baint ag báisteach, le sú ag gaoth,
le lobhadh faoin ngréin, le titim ó chrainn,
Siúd againn fómhar aisteach géar.

Leagan Gaeilge den amhrán 'Strange Fruit' scríofa ag Abel Meeropol (ainm cleite Lewis Allan).
Aistrithe ag Simon Ó Faoláin.

An Bhlaosc sa mBois
Mícheál Ó Conghaile

Mír as úrscéal ina bhfuil an scannall faoi pháistí Thuama mar chúlra dó.

Gach cineál scéal scéil cloiste aige le blianta beaga anuas faoi pháistí a díoladh leis na Meiriceánaigh ar chúl tearmaí. Iad mar a bheadh tugtha as. Airgead mór íoctha ar chuid acu má b'fhíor. Síntiúis mar dhea. Riar acu ag filleadh anois ar thóir a ndúchais, a ngaolta, a sinsear. Gan a fhios sa mbaile go raibh a leitheidí riamh ann scaití móra. Nó nach raibh básaithe. Cos buailte ar chúrsaí. Go mbuailfí an cnag ar an doras. Cnag eachtrannach stráinséarach. Céard a dhéanfadh sé féin, a smaoinigh sé ... Ar oscailt an dorais dó tráthnóna fada samhraidh is *yank* nach bhfaca sé riamh a fheiceáil ansin a chuirfeadh an cheist air arbh é a haon deartháir é a raibh a saol caite aici ar a thóir. Go raibh fhios aici riamh go raibh a leithéid ann in áit éigin ach gur thog sé an tsíoraíocht ama agus airgid dul thar na constaicí is na driseacha cosáin ar fad a cuireadh roimpi agus an smionagar sonraí a fáisceadh go pianmhar as na húdaráis éagsúla a mheaitseáil.

Céard sa diabhal a dhéanfadh sé ... Ní raibh sé cinnte, a dúirt sé leis féin ... Gan aige ach an t-aon deirfiúr amháin beo, má b'fhíor. Gan leid ná ráfla fúithi níos mó. Níor chreid sé féin go raibh. Muna mbeadh aon cheilt. Agus nár cheilt uilig é an saol. Ceilt agus folach bíog le hos cionn trí scóir bliain chomh fada agus a bhain leis na cúrsaí seo. Ar insíodh gach rud dó théis an tsaoil? An rud nach bhfuil ar eolas, a deirtí, ní luíonn ar an gcroí ... Bhí sin go breá ach céard faoin leath scéal, an ráfla nó an scéala a raibh boladh uaidh. An cogar ciúin ciontach. Nach mbeadh aineolas iomlán níos feiliúnaí ar fad muna dtiocfadh cnag mar sin ar an doras choíche ... Ruaig sé an smaoineamh is gan é ag iarraidh a bheith dá chrá féin, é ag cur ina luí air féin gur smaoineamh buile a bhí ann. Ach saol buile freisin.

Nó an saol a d'fhéadfadh a bheith aige féin ach fás suas léi. Saol eile. Domhan eile. Domhan iomlán eile ar leic an teallaigh chéanna. Theastaigh deartháir nó deirfiúr riamh uaidh, nó mhothaigh sé uaidh a leithéid ar bhealach eicínt. Ainneoin nár chleacht sé. Minic a chloisfeadh sé daoine ag rá nach mothófá uait an rud nuair nár chleacht tú riamh. Ach níor chreid sé sin. É san aon teach ar an mbaile nach raibh ann ach éan cuideáin. Suas is anuas le deichniúr ar gach teallach eile lena linn. Sna déaga i gcuid acu fiú. Iad i bpócaí is i mullach a chéile. Iad beo bocht is scaití móra ar an mbeagán ach threabhadar leo ó shéasúr go séasúr mar sin féin. A bhformhór scaipthe scáinte nó go deimhin básaithe faoi seo. Tuilleadh acu thar sáile is i bhfad ó bhaile.

… Gruaig chatach a bhí uirthi. Gruaig dhubh chatach síos go dtí na guaillí. Chuir sé sin beagáinín iontais air mar nach raibh sé féin catach. Ach an ligfí di gruaig go guaillí a bheith uirthi nó nach ligfí, a smaoinigh sé. Cá bhfios cé na rialacha a bheadh acu istigh ansin. An mbeidís ag iarraidh go mbeadh cailín ag breathnú go hálainn ar chor ar bith. Chuile sheans nach mbeadh. Ach bhí sí go hálainn, a smaoinigh sé, chaithfeadh sí a bheith – a súile gorma, a leicne dearga, í beagán bacach ag siúl ach is cosúil nár chuir sé sin isteach uirthi. Agus ba í a bhí ann cinnte. Bhí sé dearfa nuair a tháinig sí níos gaire dó agus nuair a rug sí ar lámh air agus í á thabhairt léi, dá threorú trí na garrantaí. Bhí sí i bhfad níos airde ná é, níos láidre agus tuige nach mbeadh, a smaoinigh sé agus í chúig bhliana níos sine ná é, ach bheadh sé féin chomh mór léi lá eicínt, a dúirt sé leis féin. Bheadh agus níos mó ná í nuair a bheidís beirt fásta suas mar go mbíonn buachaillí níos mó ná cailíní … fir níos mó ná mná … Inniu bhí sí ag teaspáint dó cén chaoi le súil ribe a chur … nuair a d'imigh…

Chroith sé é féin. Bhí sé ag brionglóidí arís, a shamhlaíocht ag imeacht le sruth. Le cóir. Ach cén dochar, cén dochar a dúirt sé óir is féidir linn a bheith i bhfochair a chéile sa saol samhailteach sin. Is féidir, beag beann ar aon duine ná riail nuair nach bhfuil aon deis eile ann. Ná seans ar thada eile. Cén dochar a bheadh sa mbrionglóid óir sa saol is faide nó is giorra ní fhéadfaí é a mhaireachtáil faoi dhó sa saol seo …

Bhí tocht air a dhíbir an t-ocras dó agus é ag dul suas Bóithrín na nDriseacha. Deora uilig é, cuma cén saol é, a smaoinigh sé, ach gur goirte cuid acu ná a chéile, gur deacra cuid acu a thriomú seachas a chéile. Nach dtriomódh stoirm ghaoithe aniar … Nuair nach féidir na deora nach siltear a thriomú … Bhí a cheann faoi. Shiúil sé leis thar Gharraí an *Ghrotto*, thar bhallaí an *Sick House*, thar Chnocán an tSúp, Scailp na dTincéirí is thar Thearmann na mBacach Bóthair … B'éasca siúl ar an mbóthar ar a laghad. Bhí drompla réidh cothrom faoi anois seachas na corr-sclaigpholl a thimpeallaigh sé go mall cúramach seachantach. A mhaide mar thaca aige nuair ba ghá. Stop sé nuair a shroich Sruthán Ned na gCapall. Leag uaidh a mhaide agus síos leis ar a leathghlúin. D'ísligh síos a lámh sa sruthán fíoruisce agus d'ól bosóga as. Chuimil cúpla boslach uisce dá eadan. Mhothaigh sé níos bíocaí láithreach. Mar a bheadh brí bheag bhreise i bhfuil a chuisleacha, spreac nua ina ghéaga arís is é i mbun siúil …

Bhí an geata Tigh Thomáisín Bhidín oscailte, rud a chuir iontas air. Gasúir a bhí ag spraoi timpeall ann is a d'fhág oscailte é trí dhearmad, a cheap sé. Isteach leis agus rún aige súil a chaitheamh timpeall an tí a bhí bánaithe le dhá scór bliain. Tomaisín agus a chuid deirfiúracha imithe leo go Sasana ó bhásaigh Bidín.

Shiúil sé siar ar chúl an tí agus chaith súil ar an doras cúil is ar na fuinneoga, siar sa ngarraí féachaint an raibh aon chlaí leagtha. Ní raibh. Gach rud i gceart. Gan acu ach an t-aon gharraí amháin, a smaoinigh sé, An Garraí Páirteach, agus é ráite gur amhlaidh a fágadh acu an garraí sin féin, garraí a bhí chomh mór le dhá gharraí ar bhealach. É tráth den saol ina choimín idir a mhuintir féin, na Bidíní agus na Peaitíní ó thuaidh.

Timpeall an tí leis, teach a raibh sé ag coinneáil súil air do Thomáisín chuile sheachtain ó d'fhág sé an baile seachas le linn a chuairt bhliantiúil abhaile chuile shamhradh. Nuair a chas sé timpeall ó bhinn an tí agus thar an chloch choirnéil shochraigh sé go tobann suí síos ansin ar leic na fuinneoige chun tosaigh. Fuinneog an tseomra leapan – an seomra inár bhásaigh Bidín agus é i ngreim láimhe inti dhá scór bliain ó shin, a smaoinigh sé. Í ag coinneáil na leapan le seachtain roimhe sin, é ag fáil tuairiscí laethúla ó Thomáisín, a chomrádaí saoil a bhí dhá lá níos sine ná é, a thosaigh ag an scoil ar an lá céanna leis agus iad chúig bhliana d'aois, Bidín dá dtabhairt ann, duine acu in chaon lámh aici is iad ag pocléimnigh leo síos an bóthar go gealgháireach. Iad ina suí sa suíochan céanna ar a gcéad lá ar scoil agus i ngach rang ina dhiaidh sin, go dtí rang a sé agus a laethanta deiridh scoile.

Ag cocadh féir lá brothallach samhraidh i nGarraí an Bhóthair a bhí sé nuair a chonaic sé Tomaisín ag deifriú chuige trasna aicearra an Gharraí Páirteach agus é as anáil. Dúirt mama liom fios a cur ort, a dúirt sé, sul má bhí deis aige féin a bhéal a oscailt agus a tuairisc a chur. Ach, a dúirt sé, cén chaoi … Ní móide go mairfidh sí go dtí an t-am seo amárach, a dúirt sé, ná déan móran moille, maith an fear, is bhí sé iompaithe ar a sháil arís ag deifriú abhaile chuici.

Bhí stangadh beag bainte as. Cé go raibh an dá theaghlach an-mhór lena chéile riamh níor bhraith sé gur cheart dó a gcuid ama a thógáil uathu lena máthair agus a huair ar tí teacht. Ach má chuir sí féin fios … An rud ba lú … Théis dhá nóiméad ina staic siocaithe ansin shac sé a phíce féir sa talamh, d'ordaigh an madra, a bhí ina luí sa bhféar agus saothar anála air leis an teas, abhaile agus siar leis trasna an gharraí.

Dia anseo, a dúirt sé, ag teacht isteach thar an táirseach agus sul má d'fhéad sé níos mó a rá bhí Meaigí agus Brídín i ngreim uillinneachaí ann dá threorú siar sa seomra leapan. Bhí Mary agus Caitlín ina suí go ciúin le taobh na leapan. Tá cathaoir anseo duit a dúirt Tomaisín ag éirí ina sheasamh. A Mhama, tá Mícheál tagtha, tá sé anseo anois, a dúirt sé le Bidín agus é cromtha isteach os a cionn le go gcloisfeadh sí é is ag tabhairt fáisceadh beag éadrom dá lámh.

D'oscail sí a súile go mall agus chlaon a ceann ar an bpiliúr. Shín amach a lámh chuige agus chuir meangadh lag ar a béal. Rug sé ar lámh uirthi. Súil agam go bhfuil biseach beag ag teacht ort, a dúirt sé, ag tarraingt isteach an chathaoir le taobh na leapan agus d'fháisc an lámh lag go héadrom. Tá, a dúirt sí go lag, biseach beag an bháis. Tagann am chuile dhuine. Ní bheidh sé romham arís ach is maith liom gur tháinig tú anois. Go bhfaca mé anseo tú.

Go tobann ní raibh sa seomra ach an bheirt acu. An chuid eile a bhí théis a bheith ag guairdeall anonn is anall ina thimpeall téaltaithe amach as an seomra i nganfhios dó beagnach. Níor bhraith sé tada nó gur chuala sé an doras ag dúnadh ina ndiaidh. D'fhéach sé ar dhoras dúnta an tseomra. D'fhéach sé ar Bhidín. Tháinig cineál scáth air agus d'imigh an chaint uaidh. Braoinín uisce, a dúirt sí go lag. Thóg sé an ghloine a bhí ar an mboirdín lena taobh agus áthas air rud éigin a bheith le déanamh aige mar nach raibh a fhios aige céard a déarfadh sé. Choinnigh sé lena béal é nó gur dhiúl sí súmóg as. Súmóg bheag eile ansin. Á, sin níos fearr anois a dúirt sí, an gcuirfidh tú an piliúr eile sin isteadh faoin bpiliúr seo agus feicfidh mé níos fearr tú ach mé a bheith dírithe suas beagáinín. Rinne sé amhlaidh go cúramach agus bhraith sé go raibh níos mó beocht ina súile cheana féin. Is maith liom gur tháinig tú chugam, a dúirt sí aríst. Is maith liom go bhfuil tú anseo anois. Is maith liom ... Bhí an dá theaghlach s'againne an-mhór lena chéile riamh. Aon dream amháin ... beagnach. Comharsana maithe. Daoine maithe ... Ar scáth a chéile a mhaireann na daoine, a dúirt sé nuair nach raibh a fhios aige céard eile a d'fhéadfaí a rá.

Ó bhí níos mó ná sin i gceist, i bhfad níos mó ná sin, a dúirt sí, ag dul siar go dtí aimsir an *Land League*, sibhse a sheas linne, a tháinig i gcabhair orainn ... murach sin ... murach sibh. Bhí cloiste aige faoi sin geábh óna sheanathair ach níor cheap sé gur aon rud mór a bhí ann. Is iomaí teaghlach a díshealbhaíodh ...

Amuigh ar an mbóthar a bheadh muid, murach sibh, amuigh ag siúl na mbóithre ar nós an lucht siúil ann. Nó caite isteach sna draentachaí le bás a fháil. Níl a fhios agam cé mhéad a d'inis do mhuintir duit. Stop sí soicind mar a bheadh gearranáil uirthi. Daoine maithe a bhí iontu ach ní daoine cainteacha b'fhéidir de bharr cúrsaí an tsaoil, na créatúir ... Luí an bhróg ... Ach bhí mise thíos sa teach agaibhse an oíche ar rugadh tusa. Bhí. An oíche chéanna ar bhásaigh do mháthair, beannacht Dé lena hanam. Baineadh siar as agus mheas sé gur bhraith sí sin.

Bhí, agus gheall mé di agus í ag síothlú agus mise ar mo ghlúine lena taobh go ndéanfainn rud ar bith duitse. Agus do do sheanmhuintir. Ní raibh an bhean chabhrach in ann tada eile a dhéanamh. Ní raibh Tomaisín s'againne ach dhá lá d'aois agus bhí sé ar mo chíoch nuair a tháinig an scéala anoir chugam. Chomh luath agus a bhí sé críochnaithe soir liom chuig an teach s'aghaibhse. Gheall mé is mhóidigh mé do do mháthair bhocht an oíche sin go dtabharfainn chuile chúnamh fad a d'fhéadfainn. An rud deireanach a bhí ón gcreatúr ná go gcuirfí chun bealaigh tú mar a rinneadh … Bhí an iomarca feicthe ag an gcreatúr. Ní fhágfadh sé an baile seo, an teach seo, a dúirt mise. A gheall mise, fad atá aon bhraon fola ag gluaiseacht trí mo chuisleachasa. Fad is atá aon anáil ionamsa … Gheall mé an méid sin di. Bhí sí i ndroch-chaoi faoin am sin agus í ag cailleadh fola, i bpian agus níl fhios agam cé mhéad a thuig sí nó an raibh fhios aici féin go raibh rudaí chomh dona. Ach ansin tháinig lagar uirthi agus dhún sí a súile. Agus ansin … agus ansin … chuir duine eicínt de na comharsana fios ar an sagart nuair nach raibh a fhios céard eile a d'fhéadfaí a dhéanamh. Bhí tusa ag screadach i mbaclainn do sheanmháthar an t-am ar fad, ag screadach chomh maith agus dá mbeadh a fhios agat, chuile shórt trína chéile. D'fhéach muid sna súile ar a chéile. Níor labhair aon duine againn. Shín sí chugamsa ansin tú agus siar liom sa seomra leapan leat.

Tamaillín ina dhiaidh sin agus í ar shlí na fírinne agus an sagart théis an ola a chur uirthi is an paidrín ráite chuala mé na glórtha ag ardú thíos sa gcisteanach. Caithfear socrú a dhéanamh … Socrú, socrú, socrú … An sagart a bhí ag caint is ag cur dó agus gan é ag taithneacháil leis muna ngéillfí dó.

D'éirigh mé den leaba agus aniar liom i mbéal an dorais, gan mé ag iarraidh tú a dhúiseacht. Bhí tusa suaimhneach faoin am sin is tú leath in do chodladh ar mo bhrollach. D'iompaigh mé ar an sagart agus colg orm. Tá chuile shocrú a bhí le déanamh sa teach seo déanta agamsa le máthair an pháiste seo, beannacht Dé lena hanam, de réir mar a theastaigh uathu is a thoiligh sí féin. Coinníodh tusa do ladar amach as an scéal seo. Bhí tú anseo cheana chúig bhliana ó shin, faraoir. Níl aon duine ag dul ag taisteal go Tuaim ar rothar anocht, ná amárach, ná aon oíche eile. Ná aon lá eile. Féadfaidh tú é a bhaisteadh lá ar bith feasta má thograíonn tú é – bhí sé théis Tomaisín a bhaisteadh an lá roimhe sin – ach sin a mbeidh de bhaint agatsa leis an scéal.

Chuir sé a chloigeann faoi mar a bheadh ga smugairle róin curtha ann. Gan mé cinnte an é mo chuid cainte nó mo bhrollach scaoilte is mó a bhain stangadh as … Thagainn uair nó dhó sa ló ar feadh roinnt míosa ansin nó thugadh do sheanmháthair siar chuig an teach s'againne tú. Scaití i lár na hoíche … Tháinig meangadh beag ar a béal. Scaití bhíodh tú féin agus Tomaisín ar mo chíoch agam ag an am céanna mar a bheadh cúpla ann agus sibh beagnach ag troid fúthu. Is níl aon aiféal orm ach nach ndearna mé níos mó … nach ndearna mé níos mó duit … ach bhí an saol corrach. An-chorrach. Ach mhair muid. Mhair. Go dtí anois …

Dhún sí a súile. Cheap sé ar feadh soicind gur stop sí ag análú ach níor stop. Chonaic sé deoir ag sileadh lena grua agus thug sé faoi deara corraí beag sna héadaí leapan ar a brollach … Smaoinigh sé ar Thomaisín thíos sa gcisteanach … Ní bhfuair tusa do dhóthain bainne cíche riamh, a chaith sé leis lá agus iad ina ndéagóirí agus é faoi ar an talamh aige le lámh láidir agus iad ag caraíocht lena chéile sa nGarraí Páirteach … Ní bhfuair mar gur goideadh uaim é, a chaith Tomaisín ar ais leis … D'fháisc sé a lámh beagán ach bhraith sé go raibh néal tagtha uirthi. Smaoinigh sé ar a choca féir leath chríochnaithe agus ar an toirneach a bhí san aer ó mhaidin agus ar dhul abhaile. Ach ní fhéadfadh sé. Bheadh ocras ar Rex ag fanacht leis i mbéal an dorais. Ba chuma.

Bhí sé fós sa seomra agus i ngreim láimhe inti uair an chloig níos deireanaí nuair a chuala siad glothar an bháis ina scornach, Tomaisín trasna uaidh agus é i ngreim sa lámh eile. Na deirfiúracha taobh léi ag cloigeann na leapan. Beannacht Dé léi agus le hanamacha na marbh, a dúirt sé. Solas agus suaimhneas síoraí di. D'fhéach sé féin agus Tomaisín isteach i súile a chéile. D'oscail siad an fhuinneog. Bhí na mná tosaithe ag sniogaíl. Ag seitreach. Thosaigh an caoineadh ansin …

Dhún sé geata an tí agus chuir an bolta air go mall ciúin cúramach … Gasúir eicínt is dóigh a bhí ag déanamh spraoi nó folach bhíog timpeall an tí a d'fhág oscailte é trí dhearmad, a dúirt sé leis féin. Bíonn gasúir mar sin. Níl neart acu air. Gafa ag aer an tsaoil. Nó sin na sióga b'fhéidir … Taibhsí agus sprideanna … Nó b'fhéidir gurbh iad na daoine maithe féin a casadh an bealach …

Ar Ard Phádraig a stop sé. Sheas ar Leac Phádraig ansin ag breathnú siar ar an nGleann Garbh i bhfad siar uaidh. Smaoinigh sé ar an Naomh a sheas ar an leac céanna míle go leith bliain roimhe, má b'fhíor an seanchas is scéalta na nglúnta. Is in áit dul siar coisméig níos faide ar a thuras aistreánach achrannach sheas ar an leac ansin ag beannú siar gach a raibh siar uaidh amhail is nach dteastódh aon teagasc breise a chur orthu faoin gCríostaíocht. Nár ghá dul chomh fada leo. Is chas soir timpeall. Nó mar a bheadh ag éalú óna mhisiún. Nó b'fhéidir ag dul ar an éascaíocht.

Iarsmalann na gcaidreamh briste, Sagréb

Caitríona Ní Chleircín

In iarsmalann na gcaidreamh briste,
tá tua
lenar scrios leannán
troscán uilig leannáin eile
nuair a d'fhág sí í
le himeacht ar saoire
le bean eile

Tá dornasc bándearg
agus clúmhach ann
ar iarr leannán
ar a iarleannán
a chur air

Tá bróga *stiletto*
a ligh grá geal
dá chéile
is *dildo* dubh ó phósadh
nár éirigh leis

Tá iarann ann
lenar iarnáil bean a gúna bainise
an t-aon iarsma
A fhanann den nasc

Tá gloine formhéadúcháin
a d'fhág bean mar fhéirín
ag a fear a thréig í
leis an dóigh a
bhraith sí 'beag' ina theannta
a mhíniú dó

Tá cárta poist
eochair
is buidéal fíona
fíon dearg a bhí le hól

le chéile ag leannáin
nuair a d'fhág siad beirt a gcéilí
fíon nár óladh riamh

In iarsmalann na gcaidreamh briste
tá na mílte mílte
iarsmaí ar an ghrá
tá na mílte
cuimhní.

Eitilt Gan Sciatháin

Mícheál Ó Ruairc

Fonn eitilte orm um
thráthnóna in Ionad
Siopadóireachta Bhaile

Bhlainséir staighrí reatha
faram ag iompar taibhsí
chuig tolglann imeachta

éigin Tom Petty ag foghlaim
conas eitilt gan sciatháin
ar an gcóras fuaime

caochann mainicín bréige
ina fo-éadaí súil ó fhuinneog
an tí áirneáin thréigthe seo

gan comhluadar daoine
na bothánaithe bailithe leo
chun na ceithre harda

ón dteallach doicheallach
fuar dealúsach gan fuaimint
cos le clos ná guth

meallacach an tseanchaí
ag cur muintir an tí faoi gheasa
droma draíochta le scéalta

Fiannaíochta agus laoithe cumainn
ach fainic airiú, chugainn an púca!
sa cheo draíochta chím Caipisín

cochallach taibhseach óna aireagal
thiar ar chúl a' tí tagtha
chun sinne go léir a shlánú!

Tráthnóna Luain Cincíse 13 Aibreán 2020

Idir dhá thine Bhealtaine
Churchill, Manitoba, 2021

Joanne Nic Cárthaigh

(i)

tráth dá raibh
bhíodh seithí béir
crochta in airde ag sealgairí
síos suas na sráide
ach anois
tá muintir Churchill
idir dhá thine

le linn an tsamhraidh
bíonn na béir bhána
ag fánaíocht
mar shionnaigh
chathracha
agus iad craosach
leis an ocras

ní féidir siúl timpeall
istoíche
nó bagún a fhriochadh
i do chistin fhéinig
leis an gcúldoras
ar leathoscailt—
caithfear dul in éineacht
le páistí chuile áit

ach tá airgead ar fáil
as turasóir an tsamhraidh—
turasanna, busanna
le radharcanna
ar na béir
sluaíochtaí luachmhara
amuigh
ar an oighear
béilte le cur ar fáil
insan *Lazy Bear Café*

leapacha ar díol
insan *Bear Country Inn*

(ii)

Le linn samhradh an Artaigh
glacann Gregus grianghraif

de bhéir bhána cois farraige
agus ainmníonn sé iad—

Veronica ina cnap codlata
ar chloch cois cladaigh

Scar sínte go suanach
i leaba shaileacháin

Wanda ina codladh
ar an bhféar mara

Wilma ag cothú
scuaine coileán

Aurora ar a gogaide
ar imeall aille

Hercules ag fiach geabhróige
i mbruth na farraige

Betty sa tóir ar rónta
os cionn na dtonn

Bamm ag cogaint
caonaigh cois na mbollán

Iad uilig ag éadromú
i gcaitheamh an tséasúir

Iad uilig ag feitheamh
ar fhilleadh mall an oighir

Roic agus Ronnaigh
Joanne Nic Cárthaigh

Shoiprigh mé mé féin
tráth i lámha síondaite
iascaire ó Chléire—
a bhosa chomh mór
le bosa maidí rámha
is mise im' smuigléir
ar nathanna áille
a léimeadh uaidh
mar ronnaigh ramhra
ag briseadh uisce
i gCuan Inbhir.

Le teacht is imeacht
na mbád farantóireachta,
luíos leis faoi dhíon tuí,
an phluid ar a leaba shingil
roctha, ar aimhréidh,
caite i leataobh—
gan tuiscint agam go fóill
ar bhaois na hóige,
ar chéasadh an tinnis chroí.

Faoiseamh a Fuarthas

Sernin Seal

Tá rud ann, istigh ann, áit éigin – ina cheann? –
Rud ait nárbh fhéidir leis ainm a chur air
Toisc an rud a bheith ann, ina bhac ró-throm air.

Dhein sé iarracht caint faoi – lena mhuintir, ar dtús;
dochtúirí, le coinne; strainséirí, sa deireadh,
ar casadh air, gan choinne, sa tsráid –, cur in iúl

Rud nár féadadh a rá:

Istigh ionam, im lár, tá folúntais atá lán le folús, iad líonta glan... Iar-bhallaí iad na bearnaí, 'siad an áit a raibh ardfhálta a bhí breá teann, tráth, nó gur thit, i bhfaiteadh na súl... Ach athbhreathnaím orthu is chím gur chlaíocha iad, claíocha faoinar thug treathan le teann iomlán a dtonnta dúdhiana. Bhí orthu briseadh, na claíocha bochta, ligint dosna súmairí sceitheadh isteach ina sluaite. Rug méara bána na mbarróg barróg bhorb orm. Anuas le m'aigne go grinneall na mara, áit mar a gcónaíonn an Kraken, áit óna bhfilleann na marbháin amháin. Coimirce fothrach mo mheabhrach ort, a chara.

B'shin a bhíodh á rá

Aige, dar leis, nuair a labhraíodh sé leosan –
Os comhair an tsaoil, sna hospidéil, sa tigh – ach, ceal
Focal, dá ainneoin, séard a chloisidís ná scread.

Ní haon ionadh, gan dabht, go ndeirid siadsan leis –
Sceimhle orthu, iad leamh de, ag bun a bhfoighne –
Gur chóir dó glacadh leis nó bheith ciúin, rud a dhein.

An Feallmharfóir
Niall Ó Siadhail

An ciorcal beag liathbhán amach romham, sin an spéir. Mar pholl sa dorchadas atá sé, cé go bhfuil lóchrainn lasta anseo in aice liom. Tá solas faoi leith timpeall orm, i mo shuí ar an urlár, cosa trasna ar a chéile, scian i mo lámh, ach tá an poll os mo chomhair mar fhuinneog ar Thiarnas eile.

Cloisim scréach na n-éan. Faoileoga atá iontu, nó gainéid. Coinním na súile dírithe ar an oscailt chaol, in ainneoin an mhíchompoird. Foighde. An té nach dtig leis fanacht, caillfear é i ngan fhios dó féin. Cé go bhfuil an phian ag éirí go mall i mo dhroim, i mo mhuineál, fiú i m'aghaidh, ní bhainim na súile den pholl sa díon. Ach ní bhristear an ciorcal beag liathbhán.

Déanaim iarracht anáil a tharraingt go domhain, agus a choinneáil istigh chomh fada is a thig liom, agus ansin ligim amach go deas mall í, na súile dírithe ar an spéir, lann ghéar na scine le craiceann mo bhoise. Más gairm nó ceird a thugtar air, ní mhaireann duine sa tslí bheatha atá agamsa gan a bheith foighdeach, gan a bheith fuarchúiseach, gan a bheith ábalta fanacht níos faide ná an té eile.

Sin thú féin anois. Bristear an poll cruinn liathbhán ar feadh meandair, agus sciathán leathan faoileoige le feiceáil, sula mbánaítear an ciorcal beag arís agus an t-éan imithe. Sin thú féin.

*

Ligim do mo cheann titim. Tá meadhrán ann. Tá sé doiligh mo shúile a dhíriú anois, agus ritheann sé liom cé chomh teoranta, cé chomh lag, is atá Tiarnas na lóchrann atá crochta ar na cuaillí, i ndiaidh domh an Tiarnas eile sin, an spéir, a fheiceáil. Níl cumhacht acu ar choirnéil scáileacha an halla, na soilse suaracha céanna. Fanaim i lár an halla.

Tá sé beagnach folamh anois, an halla. Tráth dá raibh, bhíodh scaifte mór daoine ag maireachtáil ann, plé agus spochadh agus ceol galánta timpeall ar an teallach mhór sa lár, toilg chodlata ar gach taobh le ballaí cruinne an tí, agus gach rud eile a bhí uait idir tine agus tolg: uirlisí fíodóireachta agus catha, stórais bhia agus dí, bratacha agus taipéisí ar crochadh chun an halla mór cruinn a scoilteadh ina urranna beaga, le go mbeadh príobháideachas ann, le go dtiocfadh leat seift a bheartú nó craiceann a chrúbáil gan cluasa ná súile an tí ort.

Imithe anois, uilig imithe. Níl ann ach mise anois. Ní thagann aon duine eile isteach ach an cumhal a thugann mo bhéilí domh. Níl aon bhac sa bhealach agus mé ag amharc trasna an halla, níl aon bhac ach na súile atá ag meath orm. An díon seo a thug foscadh do ghlúnta, a choinnigh na céadta slán ó bheithígh allta agus ó chreachadóirí coimhthíocha, tá sé fós ann, os mo cheann, ach tá cuma thréigthe air. Tá na daoine agus an troscán imithe; níl ach mé féin ann anois, agus is fada ó chonaic mé níos mó ná ciorcal beag spéire.

*

Rí a bhí ionam. Rí atá ionam fós, déanta na fírinne, ach níl mórán de mhaorgacht agus de ghalántacht rí le feiceáil thart orm. Tá sé sin ar fad síos an cnoc, trasna an tóchair, sa Ghrianán agus sa chalafort. Sin an áit a bhfuil an glór anois, a bhfuil na sluaite agus an fuadar. Teacht agus imeacht. Racht, ruabhéic agus ruaille buaille.

Is ar mhaithe le mo shábháilteacht a fhanaim anseo. Ní féidir maireachtáil chomh fada mar Rí gan naimhde a bheith agat, agus tugann seanteach Dhún Léime an chosaint chéanna is a thugadh sé do mo mhuintir romham, san am nárbh ionainn ach fine aduain, treibh gan stair ar leithinis iargúlta. Sular tháinig muid i gcumhacht sa tuath, sular tháinig mise i gceannas agus ghlac seilbh ar ríogacht an chúige. Ach níor tharla sin gan stró, gan imreas. Agus bás tobann, scian sa dorchadas nó ruathar go moch ar maidin, is iad sin na rudaí a dhéanann naimhde. Is iomaí fear a thug mé cuireadh chun Léime dó, le linn mo réimis. B'ábhar mór grinn é dúinn aghaidheanna na n-aíonna a fheiceáil ag an gheata mhór, gan a fhios acu arbh é fíon, féasta agus fleá a bhí i ndán dóibh nó titim de chreig na haille isteach san fharraige fhiáin.

Sin an fáth ar roghnaigh mo shinsir an suíomh. Tá sé iargúlta, cinnte, agus Dún Léime suite ar rinn leithinse, ar ard creagach nach bhfuil teacht air ach thar an tóchar chúng. Is beag nach oileán é an Dún, agus an bealach amháin isteach cosanta le ráth agus balla ard cloiche. Níor gabhadh an dún seo riamh, agus ní ghabhfar. Tá mé sábháilte anseo.

Ach tá naimhde ann, taobh amuigh de na ballaí seo, i gcéin agus in aice láimhe. Sin saol an rí. Feartar cogadh, cuirtear éirí amach faoi chois, faightear réidh le hiomaitheoir: doirtear fuil agus deora araon, agus gealltar díoltas. Cuirtear na mná agus na páistí i ndaoirse, agus ansin tá siad ag freastal ort; bíonn cuma bhriste orthu ach cá bhfios cén duine acu a bhfuil an fuath go smior aici, atá ag fanacht le deis chun miodóg a chur i mo bholg? Sa tuath, sa chúige seo, níl aon duine ann nach mbeadh cúis aige. Tá an Tánaiste i gceannas ó lá go lá, col cúigear atá faoi chomaoin agam. Bhí súil agam go mbéarfadh mac de mo chuid féin greim ar an ríocht ar deireadh; na mic a rugadh domh, ba lag iad mar throdaithe, mar cheannairí, mar iarrthóirí. Is oth liom a admháil gurb é Mac Con Samhail, garnia liom, a bhfuil an mianach ann. Déanann sé é féin a umhlú i mo láthair, cinnte, ach ní chreidim go deo nach bhfuil súil aige ar an lá a thiocfaidh sé féin i gcumhacht. Cuireann sin déistin orm, mar ba mise a d'ordaigh go mbáfaí a athair san abhainn gar don Ghrianán.

I seanteach mo mhuintire i nDún Léime a fhanaim, mar sin, i bhfad ón slua agus as raon mo naimhde. Ní thagann a fhad liom ach na cumhail a fhreastalaíonn orm, blaistear gach greim bia agus gach braon dí sula leagaimse lámh air, agus thug mé orthu an teach a ghlanadh amach, le go mbeadh radharc agam ar gach taobh, le nach mbeadh cófra ar bith ann a d'fhéadfadh ionróir dul i bhfolach taobh thiar de. Ní thagtar i ngiorracht domh.

*

Saothar in aisce, is dócha. Nuair a bheidh Mac Con Samhail réidh lena sheift a chur i bhfeidhm, ní fheicim go mbeidh aon duine eile in ann seasamh ina choinne. Ach tá seans ann i gcónaí go ngearrfar a scornach dó sula dtugann sé aghaidh ar Dhún Léime. Cuireann an smaoineamh sin gáire orm.

Slí amháin nó slí eile, áfach, tuigim go dtiocfaidh deireadh liom. Tá teorainn le mo réimeas anseo, amhail réimeas na lóchrann. Tá mo mharfóir ag teacht, níl aon amhras agam faoi sin. Tá an saol srianta, cé go ndearna mé iarracht é sin a shárú agus mé i gcumhacht m'óige. Gach rud a rinne mé, gach marú agus gach tógáil, bhí mé ag súil go gcuirfeadh sin fad le mo shaol, go mbeinn slán sábháilte go ceann tamaill eile.

Bhí barraíocht cumhachta agam le linn mo réimis, agus anois tá barraíocht ama agam chun machnamh a dhéanamh air, agus tuigim go bhfuil an deireadh ag teacht. Sin an peaca is measa atá déanta agam, is dócha: tá sé mínádúrtha limistéir an tsaoil a thuiscint, srianta na cruinne. Na peacaí eile a rinne mé, rinne iad chun dul i ngleic leis an bhás, chun mo smacht a leathnú agus mo shíol a scaipeadh ar fud na tíre.

Cuireann sin gáire orm fosta: tráth dá raibh, thógainn an cumhal ba ghaire domh ar mo ghlúin gan smaoineamh; anois, fanaim uathu, mar go mbeadh de láidreacht ina lámha ceangailte chun mo sheanmhuineál a chasadh.

Ní gur tháinig mé chun an seantí, áfach, gur thuig mé an peaca is measa atá déanta agam. An tuiscint osnádúrtha sin, go bhfuil deireadh leis an saol agus leis na smaointe agus na gníomhartha ar fad a rinne mé, nach mbeidh mé féin ann a thuilleadh. Ní thuigeann na hógánaigh. Agus is ceart go bhfaighinn mo bhás.

*

Tá tú cóngarach domh anois, tá a fhios agam. Níl coiscéim cluinste agam, ná scáth feicthe. B'fhéidir go bhfuil cleasa foghlamtha agat chun dallamullóg a chur ar do chreach, agus tá an baol ann, go deimhin, go bhfuil mo shúile agus mo chluasa ag teip orm faoi dheireadh. Pé scéal é, níl mé ábalta rian den ionróir a fháil, ach tá a fhios agam go bhfuil tú ann. Agus sin peaca níos measa arís. As domhan eile thú, níor cheart go mbeifeá inaitheanta domh.

Cad a fheiceann tú féin? Seanfhear ina shuí i lár seantí chruinn, a chosa trasna ar a chéile. An bhfuil cuma amaideach orm? Arbh fhearr domh cosaint de chineál éigin a dhéanamh? B'fhéidir gur thug tú féin neamhaird ar na gaistí atá timpeall orm, ar na geasa agus ar na saighid a thiocfaidh do mo chosaint.

Is cuma. Tiocfaidh tú thart orthu. Níorbh fhéidir Mac Con Samhail féin an lámh in uachtar a fháil ort, fiú dá mbeadh cumhacht an chúige leis. Is tusa a dhéanfaidh a aimhleas féin ar deireadh.

Gan mhoill, beidh tú chomh gar domh, chomh gar is a bhíonn máthair le leanbh, ach ní bhraithfidh mé puth anála uait. Ní chloisfidh mé nochtadh na scine. Agus le casadh de do rosta, cuirfidh tú an cor deireanach i mo scéal, i mo shaol. Ach gabhaim pardún agat, a dhuine uasail, lean ort, sa halla inar rugadh mé, agus inar imigh mo mháthair bhocht féin as an saol seo, cleacht do cheird.

Ag Músaem an Ghorta i mBéal Áth na mBuillí

Paddy Bushe

(i)

M'anam ach bhí an scéal i bhfad Éireann níos simplí
Nuair ba léir do chách go mba bhreithiúnas ó Dhia
Uilechumhachtach – b'fhéidir le mistéir A thola –
Go dtáinig gorta agus pláigh anuas orainn. Tuigeadh
Cinnte gur le toil na Banríona i gcéin, nár shuim léi

Fulaingt a cuid géillsineach, go bhfuair máthair is clann
Bás truamhéileach cois geata iarainn Thigh na mBocht
Agus Tiarna craosach talún ag carráistiú thart, é dall
Ar rian an fhéir fós greanta ar a mbéal, é bodhar
Ar chaoineadh na cosmhuintire ag éirí aníos as an ithir.

Neach éigin eachtrannach, aduain, ón dtaobh amuigh,
Creideamh, réimeas, cine nó eile thar farraige isteach
Ba chúis le buíon i ndiaidh buíon ghiobalach teifeach
A bheith ag plódú na gcosán, ag slabhráil chun cuain,
Ag sileadh deora goirte deoraíochta i ngoirte an tsáile.

(ii)

Seo anois castacht.
        Seo anois tranglam trína chéile.
                Seo anois imphléascadh na simplíochta.

Cad is sinne?
        Cad is iadsan?
                Cad is cine?
                        Cad is cré?

Cad is tír?
        Cad is teora?
                Cad is cead?
                        Cad is ceart?

Cé a bheathaítear ag an eallach
A bheathaítear ar an ngort
As ar díshealbhaíodh an chosmhuintir
Chun taobh eile na cruinne
A chur ag titim chun feola?

Cad is brí le himirceach?
Eisimirceach?
Inimirceach?
An é an duine céanna iad triúr?
An duine dínn féin é?
Nó den dream eile?
An í an duine céanna iad triúr?
An duine dínn féin í?
Nó den dream eile?
An daoine iad an triúr acu?
An daoine dínn féin iad?
Nó den dream eile?

An daoine iad an dream eile?

Disjecta Membra

Mícheál Ó hUanacháin

Time and the bell have buried the day
— TS Eliot

"Snasana" a deireadh an bhé bheag
ar éigin a sloinne féin
ar eolas aici
ach arracht na scéala
ina ceann aici
chomh luath sin

Sasain ar an gcomharsain
béal dorais
i gcónaí
beag beann ar athruithe
na staire:
Breatain nó Ríocht
Aontaithe
gan áireamh

Tagann na híomhánna
ina mblúirí seanchaite,
caite uaim fadó

In aois chomhchosúil
leis an mbé bheag
muid ár mbailiú
i dtigh béal dorais
le breathnú ar bhosca
i gcúinne an tseomra

Pictiúr reatha ann
stoirm shneachta
agus eachtra sollúnta
ar éigin le feiceáil tríd

Ré nua-Eilíseach a fógraíodh
is gan críoch ná clabhsúr
ar a sean-ré
againne

Críonbhean a bheannaigh
blianta ina dhiaidh
do Chlann Lir an Cheallaigh –
            cuimhne na bhfear
            a lámhach
            a sinsear

Is a bhain uaillbhreas
neamhdhioplamáideach
as a hóstach
le beannacht shimplí
a déarfadh éinne
lá ar bith

Sa tsearmanas deiridh
go domhain i sean-chaisleán
a thóg na Normannaigh
ina sealbhas nua
fadó
            dian-chiúnas

Amhrán gan focal
gan ceol ach
i gcosúlacht damhsa:
traidisiúin seanbhunaithe
is nua-cheaptha

Is seachadtar
an choróin
chun cinn

Ní orthusan
a thitfidh
briseadh na gcloch

Aill

Máire Ní Bhriain

De ghnáth ní fheicfeá é –
go bhfuil aon rud neamhchoitianta
ag baint leis an aill seo.
Ach ag lag trá agus an fharraige ina clár
is ansin a nochtar an rún.

Nochtar an doimhneacht,
toradh shíorbhrú na dtonn.
Anseo ag bun na haille,
san áit a ngobann an tír amach
sa duibheagán, an pointe is caoile den aill,
an pointe is leochailí, tá an charraig pollta.
Is féidir féachaint tríd.

Ní fhanaim riamh rófhada, áfach,
ag breathnú ar an mbearna seo,
ag déanamh machnaimh ar an bhfolús lom.
Mar is gearr go dtiocfadh uaigneas,
éagmais i ndiaidh lán mara, flúirse,
an ghuí go líonfaí suas an easpa,
amhail is gur mise féin a bhí pollta.

Ar Ais go Mississippi

Rody Gorman

D'éirigh mé ar maidin rud beag roimh an lá
D'éirigh mé ar maidin rud beag roimh an lá
Chuaigh mé ar seachrán liom féin ar Bhóthar na Trá

Inis dom féin anois a ghrá: cá raibh tú uaim aréir?
Inis dom féin anois a ghrá: cá raibh tú uaim aréir?
Tháinig tú ar ais ar maidin agus an ghrian go hard ar an spéir

Tá mé tar éis a bheith ag obair liom d'oíche is de ló
Tá mé tar éis a bheith ag obair liom d'oíche is de ló
D'imigh tú is d'fhill tú is thug tú bréag faoi dhó

Níor éirigh aon cheo liom is tá mo cheann ag éirí liath
Níor éirigh aon cheo liom is tá mo cheann ag éirí liath
Ó bhó go deo gan me féin ar ais ar shráideanna Bhaile Átha Cliath

Nach an grá a d'fhág mé féin gan sláinte gan rian gan rith
Nach an grá a d'fhág mé féin gan sláinte gan rian gan rith
Mé i mo ghealt faoin ngealach, ní léir dom an bealach a shiúl ar chor ar bith

Gabhaidh mé ar ais go Mississippi, gabh tú féin ar ais dod fhear
Gabhaidh mé ar ais go Mississippi, gabh tú féin ar ais dod fhear
Mura n-imím as mo mheabhair scun scan, imeoidh mé liom thar lear

Híoma bíoma bó óró bhean ó hó bhean í bhean ó
Híoma bíoma bó óró bhean ó hó bhean í bhean ó
Mailleliú maillleol is im bó néró im bó bán hóm bó

Slite Féachana (nó Ag Seoladh trí na Stacaí)

Mícheál Ó Seasnáin

Mar charraig aonraic a chonac í is mé ag seoladh aduaidh ón mBeann,
Dún do-ghafa mar Sfioncs ar snámh ar luascadh mín na dtonn;
Do sheas sí romham mar ollbhac leathan nach ngéilleann do bheag nó árd
Is d'athraíos mo chúrsa is chaith thar'm mo sheol toisc nárbh mheá dá cumhacht mo bhád.

Ach nuair a tháinig mé ar chomhuisce léi is Dún dTéide sínte ar m'chúl
Níorbh bhalla a bhí ós mo chomhair amach ach spíontóga cloiche sceanúla;
Ba dhearcadh úr a nochtadh romham nach dtugtar do lucht na Tuaithe
Is b'fharsaing an t-achar a d'fhágas eadrainn go dtiocfainn sabháilte uatha.

Dá mba Dhia a bhí ann ag faire anuas ar mo bháidín beag faoi sheol
Ní ballaí láidre nó cruacha géara go bhfeicfeadh Sé im' threo;
Mar is léir do Chríost an cúrsa ceart trí anacair ghéar an tsaoil
Is faoi stiúradh Dé, d'sheolfainn slán trí chaolas na bearna bhaoil.

EL
Thaddeus Ó Buachalla

(Coiscéim, 2022) 312 lch, clúdach bog, €10

Alan Titley

Nuair a thógann tú leabhar id láimh bíonn tuairim mhaith agat cén sórt é. Fógraítear ar an gclúdach nó sa bhlurba é. Is ea, is scéinséir é seo: beidh teannas ann, ach tiocfaidh an domhan agus an pobal slán sa deireadh. Scéal bleachtaireachta é seo: gheofar corp, ach fionnfar cé a dhein an mhísc sna leathanaigh dhéanacha. Rómáns? Titfidh beirt i ngrá, beidh sraith mhíthuiscintí, aighnis scarúna, ach beidh siad huncaí deoraí nuair a shroisfear ceann scribe.

Níorbh aon chabhair dom clúdach an leabhair seo, óir níl ann ach an teideal, ainm an údair agus cuileog aonair ar leathanach donn de dhath na buinní. Bhí a fhios agam gur scríobhadh úrscéalta Gaeilge cheana mar gheall ar ghiorraithe, ar luchóga, ar ghadhair, ach ní fhéadfainn smaoineamh ar aon phíosa ficsin arbh í an chuileog a bhí i lár an aeir ann.

Tá seo ar cheann de na húrscéalta is neamhchoitianta, is éagoitinne, is úire, is mó fuinnimh agus is buile samhlaíochta dar léigh mé le blianta fada. Mar údar a bhfuil roinnt úrscéalta scríte agam féin, ritheann sé i gcónaí liom a fhiafraí cad as a dtáinig an bunsmaoineamh chun an scríbhneora. Sa chás seo, níl ach an t-aon fhreagra Muimhneach, 'n'fheadar'. Nó níos láidre fós, ní fios, óir tá tranglam de shnáithe insinte is de chúlbhóithríní smaointe laistiar den scéal a chuirfeadh mearbhall ar an gcriticeoir is léannta taighde amuigh, agus ní miste sin.

Ach ná cuirfeadh sin as do dhuine ar bith. Gluaiseann an scéal ar aghaidh ar chosa éadroma is ar bharraicíní beo a choinníonn suim an léitheora ar tinneal go dtí an deireadh.

Ar an gcéad dul amach, shílfeá gur gnáthinsint réalaíoch atá againn anseo. Cad ba ghnáthaí, adéarfá, ná fear óg agus a chara ina gcónaí i mBaile Féitheáin i gcathair Chorcaí agus iad ag cur an tsaoil trí chéile? Is fíor go bhfuil beagán den chleasaíocht insinte sin á tarraingt isteach ar urla ag an údar á mhaíomh nach úrscéal é seo, ach gur tharla lom díreach gan bhréig a bhfuil á aithris aige ann. Thuigfinn é sin ó scoláire a bhfuil leabhar den scoth scríte cheana aige ar an úrscéal turgnamhach nua-aoiseach, ach níl aon ní mistéireach ná rúindiamhrach ag baint leis na leathanaigh thosaigh go dtí go maraíonn 'an laoch' cuileog.

Gnátheachtra eile. Cén duine againn nár mharaigh cuileog go fiú in aghaidh ár dtola? Ach tá staidéar á dhéanamh ag a chara Peadar atá in aontíos leis ar an eolaíocht, agus ar chúis éigin a dhéanfaimis go léir le teann fiosrachta, cuirtear an chuileog mharbh faoin micreascóp Is ann a chíonn sé 'Beirt fhear. Chonaic mé beirt fhear bhídeacha trí lionsa an mhicreascóip.' Is amhlaidh gur laistigh de cheann na cuileoige atá siad, agus nuair a bheidh deireadh léite agat, pé ní eile a chuirfidh mearbhall ort, ní bheidh aon amhras ort go brách feasta maidir le tuiseal ginideach uathu an fhocail 'cuileog'.

Is é an radharc seo a ghluaiseann an scéal, iad beirt i mbun fiosraithe arbh fhéidir go bhfaca siad a bhfaca, nó an samhlú buile gan dealramh a bhí ann? Ní foláir don úrscéalaí slabhra d'imeachtaí a chruthú dúinn a bheidh fite ina chéile agus dealramh leo d'fhonn sinn a choimeád ar aon rian leis, agus is amhlaidh go n-éiríonn leis an mBuachallach seo a dhéanamh go healaíonta. Gabhann an reacaire/insitheoir/ príomhlaoch agus a chara Peadar i mbun taighde ar an bhfeic éarthach seo atá feicthe acu, agus is gairid go dtugtar le fios dúinn go bhfuil baint ag 'Paradise Lost' Milton leis an scéal, eolas ar threoraigh cuileog sa leabharlainn chucu é.

Tá toise eile leis an scéal, áfach, toise stairiúil. Is amhlaidh go malairtítear caibidlí atá suite i gCorcaigh lenár linn le caibidlí eile a bhaineann leis an Ollainn (agus leis an nDanmhairg, agus leis an bhFrainc) san 17ú haois ina bhfuil eolaithe eile a chonaic na Fíríní céanna i gcloigeann chuileoige trí mhicreascóp lena linn féin. Shilfeá go gcuirfeadh seo fán agus scaipeadh ar an insint, ach coinnítear an ceangal idir an dá aois toisc complacht Bhaile Féitheáin a bheith ag taighdeadh leo mar gheall ar an Ollainn agus ar an muintir sin a bhfuil siad tar éis eolas a fháil orthu.

Tá gliocas thar meon ag baint leis an úrscéal seo, agus is mar mholadh adeirim é seo, seachas gliocas mar chleasaíocht. Tá cuid na 17ú haoise breac le pearsana stairiúla, cuid acu a mbeidh teacht thairis éigin ag an leitheoir orthu, cuid eile nach mór dó dul á lorg, má tá an fonn sin air. Go deimhin, tugann an t-údar ár ndúshlán a leithéid a dhéanamh.

'Tá gutháin in bhur bpocaí ansin. Togaigí amach iad agus téigí ar an idirlíon chun faisnéis a fháil ar na daoine seo: Jan, Steno, Thévenot, Bourdelot, Spinoza, Questiers, Galileo, fiú Olé Borch agus triúr mac Gerdoff.'

Dheineas amhlaidh. Is pearsana stairiúla fírinneacha iad go léir, cé nach bhfuil aon fhianaise thairis sin againn go bhfaca Rober Hooke, nó John Milton, nó an Pápa Urban VIII, nó Galileo na fir bheaga chéanna riamh! Ach abair samhlaíocht agus dáine a leithéid a chur i gcás!

Más dóigh leat go gcuirfeadh an léann meánaoiseach rúindiamhrach as duit, bheadh breall ort. Is cuid den spraoi intleachtúil é, an súgradh le smaointe, an t-imeartas le hintinn arb é croí an leabhair é. Éiríonn leis pearsa lánréadúil a dhéanamh as Jan Swammerdam dúinn, ('Jan Swammerdam, Dutch biologist and microscopist. His work on insects demonstrated that the various phases during the life of an insect – egg, larva, pupa and adult – are various forms of the same animal. As part of his anatomical research…' agus mar sin de, Vicipéid); agus castar Milton orainn ina sheomra féin ar chuma nár leagadh os ár gcomhair ag múinteoir ná ag léachtóir cheana é. Bua de bhuanna an tsaothair ná go ndaonnaítear daoine deannacha donna na staire, bua annamh.

Ach fillimis ar Chorcaigh, ar duine de phearsana an úrscéil í an chathair féin. Beidh léitheoirí mí-ámharacha nach dtuigfidh na tagairtí éagsúla do phubanna éagsúla, do chaolshráideanna, do láithreáin phríomha na cathrach agus deile, ach is ródhócha go n-aithneofar an spleodar agus an fhéile charnabhalach arb é féile Jazz Chorcaí é agus a bhfuil cur síos iontach ar an gcuid is fearr agus ar an gcuid is measa di (arb ionann iad) ar leathanaigh an leabhair.

Dá mbá'il leat úrscéal réalaíoch ar urlár lom an lae seo a thabhairt air, bheadh do dhóthain fianaise ar eachtraí fhéile Jazz Chorcaí.

'Bhí sé garbh graosta, brúisciúil, mímhúinte agus easurramach do rialacha an ghnáthshaoil. Ach fós, d'fhéadfá boladh an chine dhaonna a fháil ann, an daonnacht bhithbheo álainn sin a mhaireann trí na cianta agus a fhios aici go bhfuil gach duine againn mar chuid den fhuinneamh sin as a ndéantar an stair.'

Tá seo ginearálta go maith suas is anuas le caint na dtithe tábhairne, leis an ngearrachaint agus an spochadh arb é saol na cathrach é.

Bua seo na miontráchtaireachta, tá ag an údar go beacht, fág nach é sin a sprioc ná a amas. Thuigfeá a chuid eolais ar shráideanna Chorcaí, ach is féidir leis uafás na plá i Londain a mhúscailt dúinn chomh maith, plá na 17ú aoise.

'Bheadh búbóin bhorrtha ghránna ar bhléinte, muiníl is ascaillí na ndaoine bochta sin, neascóidí daigheartha a chuirfeadh glan as a meabhair iad leis an bpian. Bheadh fiabhras, tinneas cinn uafásach, tinneas matáin agu tuirse orthu chomh maith.'

Ba dhóigh leat, áfach, nach é sin aidhm an údair ná tiomáint an scéil. Is chuige atá sé mórcheisteanna na beatha agus na beithe a chur os ár gcomhair ar shlí shamhlaíoch, is gan aon teagasc ar leith a bheith ar fhis ann. Dá ndéarfaí é seo go lom ar chlúdach nó sa bhlurba, theithfí uaidh mar a dhéanfai ó phlá chuileog nó lócaistí. Ach is toisc go snaidhmtear an t-iomlán in úrscéal atá inchreite (ar an mórchóir), réalaíoch ar barra agus soghluaiste ina insint go bhfuilimid sásta géilleadh dó fad a ritheann.

Ní bheinn ag iarraidh aon ruainne de seo a chúngú. Ach tá úrscéalta na Gaeilge breac le hinsintí rómánsúla Flaitheartacha nó Pádraic Conaireacha ó Chonamara, agus le bladar Ciarraíoch Phaidí Maoileonacha aniar as Corca Dhuibhne, agus le Griannachas Thóin an Bhaile Náblúil Shorcha Bhidí na dTrí Mhuc ó gCorra dá fheabhas is mar atá siad go léir.

Ach is úrscéal é seo a bhaineann go dlúth le cathair Chorcaí. Is beag ceann eile dá leithéid atá againn, Liam Ó Muirthile as an áireamh. Mar sin féin, tá an chathair dúchasaithe aige ar shlí gur cheapas go rabhas ag siúl na sráideanna ina theannta.

Tá ráite go bhfuil doras don saol fothoinn, don saol eile, le fáil ar Loch Dearg Peitegeó Thír Chonaill, ach ní tada é sin leis an saol eile a nochtar do phearsana an leabhair seo as lár an Locha i gcathair Chorcaí. Beidh léitheoirí nach bhfuil an t-ádh leo a bheith eolach ar an Loch i gCorcaigh dall ar chumraíocht seo an scéil. Tá an Loch mar a bheadh comhartha aitheantais do mhuintir na cathrach ar nós Pháirc an Fhionnuisce Duibhlinne nó Cnoc na Pluaise Bhéal Feirste. Is ann dó mar linn uisce ar déanadh dearmad ar é a thiormú, ar ball é nach dtugtaí faoi deara ach nuair a tharlaíodh tubaist ann, rud nár dhócha agus nár mhinic. Bhíodh mórán carbán éisc sa loch céanna, agus nuair a thosnaigh inimircigh ón bPólainn ag triall ar an áit bhí de nós acu iad a iascach, rud a spreag an fógra cineál béasach: 'Please do not remove fish from the lake.'

Ní cheapfadh aon duine, áfach, gurb é oileán i lár an locha seo a nochtfadh eochair an scéil, sa mhéid is go bhfuil eochair ar bith ann.

Músclaíonn na húrscéalta is fearr ceisteanna, ach fágtar na ceisteanna sin i gcónaí gan réiteach. Is é an plé an buachaill agus an cailín, agus pé duine atá idir eatarthu. Mar adeir an reacaire/údar, mar dhea, b'é an focal 'b'fhéidir' an t-aon cheann dáiríre a chuir sé de riamh. Má bhí na carachtair ag iarraidh teacht ar an 'fhírinne absalóideach' idir eolaíoch agus fhealsúnta is féidir linn dul ar aon turas leo agus tuirlingt ar pé freagra is maith linn trí bhóithríní na staire, Chorcaí is na samhlaíochta. Ní gá tuirlingt fós.

Fiafrófar cé hé, nó cad í, nó cad is brí le '*EL*' an teidil? Tá an freagra le fáil ar leathanach 156 den leabhar, an té a léifigh é.

Saothar saibhir aimpléiseach ilfhillteach an t-úrscéal seo a bhfuil níos mó ann ná mar a scrítear ar na leathanaigh go follasach. Chuir an t-údar dúshlán roimhe mar scríbhneoir agus d'éirigh leis an dúshlán sin a fhreagairt. Is ea, is úrscéal réalaíoch é, agus staire, agus comhaimseartha, agus SF, agus fantaisíochta, agus pé ní is maith leat, agus nach cuma? Saothar ealaíne é ar airí go mór é ar na gradaim atá bronnta air.

Cuirtear fáilte chroíúil roimh Thaddeus Ó Buachalla isteach i gcomhluadar buile teoranta faoi leith na n-úrscéalaithe Gaeilge.

Tonn Teaspaigh agus Dánta Eile
Ailbhe Ní Ghearbhuigh

(Éabhlóid, 2022) 92 lch, clúdach cruaidh, gan praghas luaite

Laoighseach Ní Choistealbha

Is é *Tonn Teaspaigh agus Dánta Eile,* foilsithe faoin inphrionta Éabhlóid in 2022, an tríú chnuasach ón fhile Ciarraíoch Ailbhe Ní Ghearbhuigh. Maraon leis na bunchnuasaigh Ghaeilge, *Péacadh* (2008) agus *Tost agus Allagar* (2016), foilsíodh cnuasach dátheangach, *The Coast Road,* ag The Gallery Press in 2016. Tá duaiseanna éagsúla bainte amach ag Ní Ghearbhuigh thar na blianta – duais Lawrence O'Shaughnessy, duais Uí Airtnéide, gan ach an beagán a lua – agus bhuaigh *Tonn Teaspaigh agus Dánta Eile* an dá dhuais filíochta ag an Oireachtas in 2022 – an duais don chnuasach is fearr, agus an duais don dán is fearr ('Litir ó Bharcelona').

Tháinig an cnuasach sa phost ó Éabhlóid, foilsitheoir atá i ndiaidh leabhair den chéad scoth a fhoilsiú le déanaí: *Bláth na dTulach: Díolaim Ultach, Gáire in Éag* agus *Bádh B'fhéidir* ag an scríbhneoir Feirsteach Seán Ó Muireagáin, *Tine Ghealáin* ag Máire Dinny Wren, agus araile. Ba mhaith liom béim a leagan anseo ar an ardchaighdeán dearaidh a bhaineann le hÉabhlóid, agus an iarracht leanúnach atá ar bun acu (mar a dhealraíonn sé domsa) slat tomhais nua a chur ar fáil do phobal léitheoireachta na Gaeilge maidir le cuma, áilleacht, agus caighdeán fisiciúil na leabhar féin – rud a bhíonn in easnamh, uaireanta, agus leabhair Ghaeilge á bhfoilsiú. Caidé an seanfhocal Béarla sin – *ná déan breithiúnas ar leabhar bunaithe ar a chlúdach?* – ach creidimse féin go bhfuil tábhacht ar leith leis an dearadh agus leis an ealaíon a bhaineann leis an leabhar clóite, go háirithe in aimsir ghearrshaolach seo na scáileán. Ba mhaith liom aird a dhíriú anseo ar *Tonn Teaspaigh agus Dánta Eile* mar rud ábhartha, i dtosach báire.

Dar ndóigh, is álainn an leabhar é, agus is léir gur smaoinigh na foilsitheoirí faoi chuma an leabhair ar léibhéil éagsúla. Tá an forchlúdach dúchorcra, agus an páipéar tiubh neamhlonrach. Tá an téacs leagtha amach i gcló seirif – níos deise ná gan seirif, go hiondúil, im' thuairimse. Tá an píosa ealaíne le Kim Sharkey modhúil agus sách íostach, ach oireann sé don chnuasach. Cuirtear béim san íomhá ar chuair, ar línte éasca, agus ar smearadh na ndathanna. Éiríonn leis an íomhá leid a thabhairt dúinn maidir le téamaí an chnuasaigh féin. Má bhaintear an forchlúdach den leabhar, seasann teideal an chnuasaigh agus ainm an fhile amach láithreach, iad carbhartha in ór, ar chlúdach crua atá ar dhath na smaragaide.

Tá leabharmharc ribín ann freisin, an chéad uair (go bhfios dom) a chuir Éabhlóid a leithéid ar fáil i leabhar dá chuid. Thairis sin, tá páipéar agus leathanaigh an chnuasaigh tiubh, neasbhán agus pléisiúrtha faoi mhéar. Feictear píosaí beaga ealaíne in éineacht leis na dánta agus tú ag iompú na leathanach. Mothaíonn an léitheoir gur cuireadh iarracht ar leith isteach i ndearadh agus i leagan amach an leabhair, rud a chothaíonn tnúthán go mbeidh an fhilíocht féin ar an ardchaighdeán céanna.

Ar oscailt an leabhair, feictear go bhfuil aiste bheag, '*Tonn Teaspaigh*: Anatamaíocht an Ghrá' ag tús an leabhair ó pheann an scoláire Daniela Theinová. Scoláire iontach is ea Theinová, dar ndóigh, agus san aiste seo caitheann sí solas ar théamaí an chnuasaigh, agus ar fhoinsí tinfidh de chuid Ní Ghearbhuigh – Eavan Boland, Nuala Ní Dhomhnaill, Liam Ó Muirthile, agus araile. Tá an aiste seo deá-scríofa, mar a bheifeá ag súil ó leithéidí Theinová.

Más féidir liom seasamh siar ón phlé ar *Tonn Teaspaigh* ar feadh bomaite, ritheann sé liom – agus ní bhaineann sé seo le hÉabhlóid go speisialta – go bhfuil an aiste nó an 'réamhrá' seo coitianta go maith i gcnuasaigh Ghaeilge, agus ní hamháin don *Rogha Dánta*, cuir i gcás. Tá aiste chlaiseacach an Ríordánaigh a chuir tús le *Eireaball Spideoige* ann, dar ndóigh, inar mhínigh an file an smaointeoireacht a bhí taobh thiar de na dánta. Thig liom roinnt mhaith cnuasach sa Ghaeilge a lua, a tháinig amach le déanaí, a bhfuil 'réamhrá' sách acadúil curtha ag tús an leabhair. An bhfuil a leithéid coitianta sa Bhéarla? Más féidir liom suirbhé seilfe a dhéanamh anseo – *Some Integrity* le Pádraig Regan, *Raised Among Vultures* le Molly Twomey, agus *The Slain Birds* le Michael Longley – níl aiste ná réamhrá ar bith ag tús na leabhar seo. Níl sin críochnúil mar phíosa taighde, ach tá sé suimiúil mar sin féin mar ábhar comparáide. Ach ar cheart comparáid a dhéanamh idir filíocht na Gaeilge agus filíocht an Bhéarla i gcónaí? An mothaítear go gcaithfimid filíocht na Gaeilge a mhíniú sa phrós, dála an Ríordánaigh? Nó an é go bhfuiltear ag iarraidh gradam na gcnuasach a chur ina luí ar léitheoirí, ar bhealach? Tá fiúntas leis an chur chuige sin, dar ndóigh – is léir go bhfuil caint fós faoi 'aigne linbh' na filíochta. Ní ag cáineadh ná ag moladh an nóisin seo i bhfoilsitheoireacht na filíochta atá mé, ach ag déanamh suntais den fheiniméan seo.

Ag díriú dúinn ar na dánta atá curtha ar fáil dúinn i *Tonn Teaspaigh agus Dánta Eile*, más maith is mithid, is léir go bhfuil ábhar nua faoi chaibidil ag Ní Ghearbhuigh sa chnuasach seo – an máithreachas. In *Tost agus Allagar* (2016), ba léir go raibh cúrsaí teangmhála – agus cúrsaí mionteanga agus cultúir – ag dó na geirbe ag Ní Ghearbhuigh. In *Tonn Teaspaigh agus Dánta Eile*, tá an file seo i ndiaidh taithí na máthar a léiriú dúinn ar bhealach oscailte, íogair, go háirithe sa chéad chuid den chnuasach, 'Tonn Teaspaigh', a bhfuil 25 dán inti. Tugann dán amháin, 'Cuar', a chuirtear roimh na rannóga agus fiú roimh an chlár, blaisín de théamaí an leabhair dúinn:

Siúl gé fúm:
ualach mo bhoilg,
lúb an locha,
cuar na broinne. ('Cuar', 19)

Léirítear freisin go mothaíonn cainteoir an dáin neirbhíseach, nó éiginnte, maidir leis an todhchaí a shíneann roimpi:

go guagach a sheasaim
ag foirceann an stua. ('Cuar', 19)

Cuirtear tús leis an rannóg 'Tonn Teaspaigh' ansin, leis an dán 'Cró'. Áirítear go bhfuil éiginnteacht thairseachúil i gceist leis an iníon bheag freisin agus í i mbun spraoi:

Chímid í ag tomhas an raghaidh sí isteach:
méid na trucaile trí fhráma an dorais,

Chonaiceamar a leithéid roimhe seo,
éiginnteacht ar an tairseach. ('Cró', 25)

Níl drogall ar an fhile treise a chur ar an éiginnteacht agus an imní a bhaineann le heispéireas na máthar sa rannóg seo frí chéile. Sna dánta 'Airdeall', 'Iúil', 'Corrach', 'Boladh na Gaoithe', 'Géarú Cluaise', agus 'Tá faoileán ar d'anáil', tugtar léargas den scoth ar bhuairt agus ar éiginnteacht na máthar agus í ag dul i dtaithí ar shaol na clainne. Críochnaíonn na dánta 'Corrach' agus 'Boladh na hOíche' le dearcadh ar imní na máthar agus í ag smaoineamh faoin todhchaí, nuair a imeoidh a páistí amach sa domhan mór:

Comhairlím dom iníon a bheith ar a haire
Tá poll slogaide sa chóngar a alpfaidh a colainn
Agus umair go leor a shlogfaidh a hanam. ('Corrach', 30)

Is mian liom an neamheagla a ghuí orthu araon
ach is tábhachtaí dom an cúram is iad amuigh sa tsaol

Idir mo dhá lámh tá fuinneamh á ghiniúint
dá bhféadfainn sciath a chumadh as le bronnadh orthu beirt. ('Boladh na hOíche', 31)

In ainneoin na himní seo, tagann léas solais chun cinn go minic sa rannóg seo a léiríonn áilleacht, spraoi, agus saontacht na bpáistí go soiléir dúinn. Ag deireadh an dáin 'Géarú

Cluaise', mar shampla, cuireann an reacaire in iúl go mbíonn gnéithe diúltacha agus dearfacha araon i gceist le saol na máthar:

> Táim ar mhinicíocht eile.
> Ní féidir tiúnáil amach:
> mothaím gol gach linbh,
> cloisim fainic gach bonnáin.
> [...]
> Na maidineacha nach n-airím
> an ghrian ag éirí,
> Tagaim chugam féin le trup trap séimh
> agus sciotaíl aoibhinn gáirí. ('Géarú Cluaise', 32)

Tá an t-aoibhneas céanna le sonrú sna dánta 'Cuireann siad an dubh ina gheal', 'Rannta do Léan', agus 'Grian na Maidine'. Sa dán deireanach, tagann téama na teanga arís chun cinn, téama a bhí flúirseach in *Tost agus Allagar*:

> Tá teanga na gile go líofa
> ag mo leanbán sa bhaile
> agus is foighneach an t-oide í. ('Grian na Maidine', 58)

Móitíf a thagann chun cinn go minic sa rannóg seo ná an t-uisce, agus an taise, mar a léitear in 'Díle', 'Uisce go Com', agus 'Tá faoileáin ar d'anáil'. Is minic a bhaintear úsáid as an uisce seo le buairt nó dua na máthar a chur in iúl go beacht don léitheoir. Agus mé ag léamh 'Uisce go Com', cuirtear 'Cuimhne an Uisce' de chuid Ní Dhomhnaill i gcuimhne dom:

> Tá uisce go com orm,
> Éilíonn gach gluaiseacht
> fórsa as cuimse.
> Táim sall is anall
> ar fud an tí
> ag snamh-shiúl ('Uisce go Com', 43)

Dar liom, cuireann móitíf seo an uisce barr éifeachta ar mhóitíf an teasa agus an bhrothaill a mhothaítear sa rannóg 'Tonn Teaspaigh'. Sa dán 'Teaspach' a bhfuil trí chuid leis, léirítear scéal na breithe, mar a dhealraíonn sé domsa, ar bhealach ósnádúrtha. Caitheann an dán solas ar thaithí na breithe, eachtra a chuireann cor i saol achan duine. Cuirtear treise ar bhrothall agus ar mheirbhe sa dán:

Bhí lá i gConamara
gur éirigh an t-aer níos troime
meirbhe bhréan Hong Kong
ag brúchtaíl aníos ón bhfarraige.
Géaraíodh ar ár dtart
is ní fhéadfaí an t-uisce a ól
so luíomar isteach ar an bhfíon
chualathas áit éigin bréagolagón. ('Teaspach', ii, 37)

Sa tríú chuid den dán céanna, pléitear téama nach bhfeictear go rómhinic sa Ghaeilge – máinliacht agus gearradh na colainne. Rithfeadh 'Cuair' le hÁine Ní Ghlinn leis an léitheoir anseo, b'fhéidir, cé go bhfuil dán Ní Ghearbhuigh dírithe ar phróiseas an ghearrtha féin agus an reacaire ag dul faoi scian:

Gearrann an máinlia
stiallanna dem cholainn
mar a dhéanann an chef
slisíní beaga
de chraiceann briosc
is de fheoil bhog
a bhaint go pointeáilte
de lacha Peking. ('Teaspach', iii, 38)

Leanann an teaspach ar aghaidh sa rannóg eile den chnuasach, 'Dánta Eile', a bhfuil 22 dán inti. Sa dán 'Litir ó Barcelona', mar shampla, a bhuaigh duais an Oireachtais don dán aonair i 2022, leanann an léitheoir bean óg atá ag obair mar cineál *au pair* sa Spáinn sa bhliain 1974. Luann sí an aimsir bhrothallach láithreach sa dán:

Tá an fómhar seo chomh geal
chomh brothallach
chomh gorm-spéireach
le haon Lá an Logha
i mBéal an Mhuirthead. ('Litir ó Barcelona', 70)

Léirítear micreacosma de shaol Barcelona sa dán seo, agus athchruthaítear go healaíonta boladh agus blas an bhia sa chathair, nach réitíonn le reacaire an dáin i gcónaí:

Doirtear íle olóige go fial
ar gach ní ar an bpláta

is fágann sí a rian
ar an mbia:
blas féir
blas géar
aigéad sa ghoile. ('Litir ó Barcelona', 72)

Tá mistéir agus bagairt araon sa dán fada seo, freisin, a chaitheann léas solais ar shaol aduain an reacaire:

Lorgaíonn sí leid uaim
gur comrádaithe muid.

Coinním guaim orm féin.
Meathann aoibh a gáire.
Ise an ghrian.
Mise an ghealach. (76)

An iomarca lánaí dorcha
sa chathair seo.
An iomarca súl teaspaigh. ('Litir ó Barcelona', 77)

Thig linn a rá go n-éiríonn le Ní Ghearbhuigh guaim a choinneáil ar a peann anseo – ní léirítear dúinn ach leideanna agus blaisíní de shaol na mná seo. É sin ráite, léimeann samhlaíocht an léitheora ar aghaidh agus líontar na bearnaí a fhágann Ní Ghearbhuigh, d'aon ghnó, san insint. Ábhar úrscéil clúdaithe i ndán amháin, déarfainn. Tá taithí na mban chun tosaigh arís sna dánta 'Bréag' agus 'Bean Fuála', a leanann 'Litir ó Barcelona'. Níl na dánta seo oscailte maidir le suíomh ná ham, ach éiríonn leis an léitheoir an cúlra a chruthú dóibh féin. In 'Bréag', mar shampla, is léir go bhfuil muid i neachtlann nó in institiúid éigin de chuid na hEaglaise. Tá deireadh an dáin borb, binbeach, agus feargach:

Dúradh liom mé féin a chur ar maos
in abhainn gheal na hoibre
gur de dheasca mo dhíograise
a d'éireodh liom snámh.
Dúradh liom go líonfaí mé
le ciúnas naofa
le solas grámhar Dé.
D'insíodar bréag. ('Bréag', 78)

Ní fhaightear amach go díreach sa dán cé a 'd'insíodar bréag' don bhean seo, ach tá sé soiléir don léitheoir cén comhthéacs atá i gceist. Tá trámaí na staire pléite arís ag Ní Ghearbhuigh sna dánta 'An chúis nach n-ithím coinín' agus 'Feall'. Tá 'Feall' suntasach, óir caitheann sé solas ar an bhearna idir íobartaigh na staire agus iad siúd a dhéanann iarracht cuidiú leo agus a gcuid fulaingthe a thuiscint.

> Tá bean na bhfabhraí corcra ag rámhaille arís,
> uisce faoi thalamh na hEaglaise, dar léi:
> geataí an tséipéil dúnta uirthi
> le tréan oilc ina coinne, a deir sí.
> *Tuigim do chás*, a deirim, *tuigim do chás*. ('Feall', 85)

Úsáidtear an frása 'tuigim do chás' arís is arís eile sa dán. Ach an dtuigimid cás na mná seo – an féidir trámaí an eile a thuscint, ná an costas atá i gceist leis an ghníomhachas in aghaidh an oilc? Tá téamaí cosúla le léamh in 'In Oifig na dTaifead Neamhphoiblí' freisin:

> Cad a dhéanfaidh tú -
> an fhírinne ghéar a leathadh
> nó an eochair a shlogadh
> d'aon bhlogam? ('Oifig na dTaifead Neamhphoiblí', 86)

Ar an drochuair, is mé ag teacht chun deiridh anseo, ní féidir píosa a rá faoi achan dán sa chnuasach breá seo. Tá dánta eile san áireamh ag léirmheastóirí eile an leabhair, Cathal Póirtéir agus Louis de Paor. Más féidir liom tarraingt ar an dán deireanach a luaigh mé, níl Ní Ghearbhuigh i ndiaidh an eochair a shlogadh siar orainn sa chnuasach seo, *Tonn Teaspaigh agus Dánta Eile*. Leathann sí fírinní éagsúla os comhair an léitheora – fírinne an mháithreachais, fírinne an toirchis, fírinne na himní, fírinne an aoibhnis.

Tá an t-ádh orainn, thairis seo, mar léitheoirí na filíochta, go bhfuil stór na bhfírinní seo curtha os comhair an phobail ar bhealach chomh healaíonta snasta ag Éabhlóid. Glac an leabhar i do lámh. Leag do mhéar ar mhíne an chlúdaigh, ar fhínealtacht na cabhraíochta. Amharc ar na cuair a mheallann do shúil in íomhá Kim Sharkey.

Níl ach tús curtha agat le turas na háilleachta. Oscail *Tonn Teaspaigh agus Dánta Eile*.

Léigh.

Na Dialanna 1 & 2, 1940 Seán Ó Ríordáin

(Cló Iar-Chonnacht, 2022) Eagarthóir: Pádraig Ó Liatháin

248 lch, clúdach bog, €18

Pádraig Mac Fhearghusa

"Fágaim an leabhar so le huacht ag mo mháthair chun an tine d'adú ar maidin," a bhreac Seán Ó Ríordáin, file, fealsamh agus scríbhneoir fuinte próis ar an 9 Eanáir 1940[1]. *Na Dialanna, 1 agus 2, 1940,* in eagar ag Pádraig Ó Liatháin atá faoi mo láimh.

Ba chuid de m'óige é an Ríordánach, tráth a shamhlaíos fós go raibh an saol le bláthú, agus go mb'fhéidir seans beag a bheith ann go dtiocfadh an phoblacht idéalach i gcrích. Ba bhreá liom, in aois a fiche dom, agus is breá liom fós, mar a fhéadfadh an file seo beachtú a dhéanamh ar mo mheon neamhchríonna: "Is ait liom go rabhas-sa inné / Go dóchasach ainnis im bhuachaill[2]." Ach murab ionann is mise, bhí cúis mhaith ag an Ríordánach le bheith ainnis agus an eitinn in ainseal air. Níor thuigeas san; is mó aird na hóige ar a crá croí féin.

Is amhlaidh a d'éirigh leis an Ríordánach gnéithe den *angst,* d'imní eiseach na linne, den chíor thuathail agus anbhuain nua-aoise, a chur i nGaeilge, a chuir Breandán Ó Doibhlin ar ár súile dúinn in altanna mar 'Seán Ó Ríordáin agus an Spiorad Barocach', tráth a raibh *Irisleabhar Mhá Nuad* in airde réime mar iris chritice, cé go raibh leisce air file eiseach "de réir bhrí theicniúil an fhocail", a bhaisteadh air[3]. Léamar an fhilíocht, ach ní fhacamar an t-anam i ngleic le bagairt an neamhní, mar atá ar leathanaigh na dialainne seo: "Tá an choinneal ag cnaoi. Tá an oíche ag cnaoi. Táim féin ag cnaoi agus tá mo dheireadh ag teacht[4]. An choinneal úd agus an sceon, láithreoidís i ndán cumhachtach in *Brosna* ar ball.

---

1 *Seán Ó Ríordáin, Na Dialanna 1 & 2, 1940.* Cló Iar-Chonnacht, 2022, lch 37. Eag. Pádraig Ó Liatháin.

2 *Eireaball Spideoige* le Seán Ó Ríordáin. Sáirséal agus Dill, 1952 & 1970. 'An Doircheacht', lch 42.

3 *Irisleabhar Mhá Nuad,* 1967, lgh 43-59.

4 *Na Dialanna,* 1 & 2, 1940, lch 38.

Ba rud nua dúinne é agus sinn ár n-oiliúint mar mhúinteoirí i gColáiste Phádraig, Droim Conrach, an machnamh seo i gculaith na Gaeilge. Ní hé nach raibh Gaeilge bhreá, agus léargais bhunúsacha á gcraoladh i *Séadhna*, agus *Mo Scéal Féin, Tóraíocht Dhiarmada agus Ghráinne* agus eile ar na cúrsaí meánscoile roimhe sin, ach bhraitheamarna, glúin na seascaidí, go rabhadar san seanaimseartha mar bhia intinne. Bhí nuacht uainn. Ba ghá céim ar aghaidh, anailís ar an saol ó ionad faire nua.

Ba ghné dá raibh uainn filíocht an Ríordánaigh, in ainneoin an phiúratánachais a rabhamar leamh de, agus a bhain le go leor dá chuid. Is é atáim ag rá ná gur dánta mar 'Saoirse', agus 'Daoirse' , 'In Absentia', 'Fiabhras' 'Tost', 'An Bás' nó 'Rian na gCos', is mó a thaitníodh linn, seachas na dánta móra a raibh Seán Ó Tuama ceanúil orthu, mar 'Cnoc Mellerí' agus 'Oilithreacht fám Anam', nó 'Adhlacadh mo Mháthar'.

Mhaitheamar sin dár bhfile, mar thuigeamar gur bhain an Ríordánach le glúin níos teanntaithe ná sinne, níos cúngaithe ag an Dara Cogadh Domhanda agus iarmhairtí an Chogaidh Chathartha, agus ag bochtaineacht na teipe eacnamaíochta sna fichidí agus sna tríochaidí, tráth a raibh sé féin ag fás aníos. Níor chuir san srian lena dhúil sa léann agus sa bhfairsinge smaoinimh ámh, mar is léir ar a dhialann. Ná tráchtaimis ar an eitinn, a bhí ag déanamh slad ar an óige lena linn, gur éirigh an streiptimícin coitianta mar chóireáil. Bhíomarna aineolach, ar ndóigh, ar an bpáis phearsanta is léir ar leathanaigh na dialainne, ach admhaímis é, agus is dóigh liom gurb in atá á rá ag Seán Ó Coileáin ina bheathaisnéis mháistriúil, b'é an galar a dhein file cumhachtach de.

Bhaineamar le ré iarchogaidh: leictriú na tuaithe faoi sheol, agus instealladh nó táibléad le fáil mar leigheas de thoradh na heolaíochta ar gach galar dá raibh ann, nó sin a braitheadh ar feadh tamaill. Má thóg sé deich mbliana ar an eacnamaíocht dhomhanda teacht chuici féin tar éis an Dara Cogadh Mór, agus tamall níos faide ar an stát seo beochaint i ndiaidh imirce na gcaogaidí, bhaineamarna le ré nua. Ar a laghad bhíomar ar chuspa ré nua, agus bhí léargas ar an saol ag an Ríordánach a thaitin linn, toisc a mhisneach agus a dhúshlán don údarás, do Dhia féin a bhraithfeá i gcuid dá dhánta – ag éirí as an mbreoiteacht a bhí in ainseal ann, ach b'in anchás nárbh eol dúinn, mar a luas. Bhí ár n-aird ar an locht is an binneas, seachas an tinneas a mheas[5].

Is le fonn a ghlacas *Seán Ó Ríordáin, Na Dialanna 1 & 2, 1940,* in eagar ag Pádraig Ó Liatháin i mo láimh mar sin, chun ateagmháil a chothú leis an *mise* atá caite, agus chun nod a fháil faoin ithir Ríordánach as ar fhás cuid de na dánta ar a rabhas ceanúil. Ní hé

5 *Eireaball Spideoige,* Sáirséal agus Dill, 1952 / 1970. 'Éadóchas', lch 103-104.

nach bhfuil obair dá leithéid déanta ag Seán Ó Coileáin ina bheathaisnéis léirsteanach ar an Ríordánach, agus tá fhios agam ón aithne bheag a bhí agam ar an duine féin sna seachtóidí go raibh sé mar nós aige tochailt sna dialanna ó thráth go chéile ar mhaithe le hábhar nó inspioráid a aimsiú dá altanna rialta ar an *Irish Times*, agus dá chuid filíochta mar is léir, ach seo i mo láimh anois na dialanna féin, ó pheann an fhile.

Ar uairibh, bhí ábhairín díomá orm. An iomad mionfhíricí anseo ón *Irish Press*, mar shampla, ar imeachtaí an Dara Cogadh Domhanda, sa bhFionlainn, san Iorua nó eile. Níl aon doimhin-léargas pearsanta ar an saol ina leithéid, ach is léir suim an Ríordánaigh in eachtraí an tsaoil mhóir, mar leathnú ar a shaol eitinn-teoranta féin. Agus tá a thagairtí iomadúla litríochta agus staire, Béarla agus Gaeilge, an-suimiúil. Samhlaím níos lú cinsireachta, fiú, leis na tuairiscí cogaidh seo fadó ná mar a bhraithim ar na tuairiscí faoin Úcráin i láthair na huaire, cogadh nach bhfuil mórán tráchtaireachta ná anailíse le dealramh á dhéanamh air, ach athchraoladh amh ar dhearcadh Eagraíocht Chonradh an Atlantaigh Thuaidh ar an scéal.

Anseo chomh maith tá sonraí le fáil faoi imeachtaí in Éirinn, faoi mhuintir na háite, a chairde, an drámaíocht áitiúil nár chumas dó bheith rannpháirteach inti níos mó, turasanna ar Chorcaigh, básanna áitiúla, comharthaí breoiteachta gan dabht, agus an cúram a bhí á dhéanamh ag a mháthair de. Gabhann na tagairtí don cheann fé a chuireann a bhreoiteacht air i bhfeidhm ort: "Tá náire agus cancar orm. Táim ag ithe agus ag ól agus nílim ag soláthar[6]."

Beag an tsuim a bheadh againn sa mhioneolas, b'fhéidir, faoi dhaoine atá marbh le fada, mura mbeimis inár mbaill dá bpobal áitiúil, ach tá cuntais mhothálacha, lán líofa, truamhéileacha ar uairibh, anseo ar chomharsana an Ríordánaigh. Is é is tábhachtaí anseo ámh, dar liom, ná go bhfuil sé ag baisteadh a shaoil i nGaeilge. Tá imeachtaí na beatha cúngaithe a bhí aige á iompú chun na teanga, in ainneoin a bhfuil de Bhéarla sa timpeall. Meabhraítear dom dán déanach leis "Na fan le malairt aigne, / Ní fhanfar leat má fhanann tú, / … Ní lot go tost. / … Cum tranglam / Má chaitheann tú, / Dolabhartha, / Ach cuir snaidhm ar shnáth sin d'aigne[7]." Tháinig sé ar an tuiscint ar a riachtanaí is a bhí sin dó go luath ina shaol scríbhneoireachta. Comhairle mhaith don scríbhneoir Gaeilge é.

Braithim gur tús cleachtadh atá ar bun aige sa dialann seo, pé rud a d'imigh ar dhialanna 1938 -1939. Cuireann Ó Liatháin ar ár súile dúinn nach bhfuil aon rian díobhsan le

---

6 *Na Dialanna,* 1 & 2, 1940, lch 101.

7 *Línte Liombó,* Sáirséal agus Dill, 1971, lch 43.

fáil anois. Ní foláir nó gur chuir sé laistiar den tine iad, mar a luann Seán Ó Coileáin ina leabhar siúd. Saghas féinanailíse is ea é dialann a choimeád, anailís ar an sampla is mó a bhfuil aithne agat air den chine daonna, a déarfadh an Ríordánach féin. Ach ní i gcónaí a theastódh uait oiread aithne is atá agat ort féin a bheith ag an dara duine, ná ag Dia féin, dá n-abrainn é. Thuigfeá go ndófaí iarrachtaí tosaigh scríbhneoireachta. Is gá dul i dtaithí na féinaithne de réir a chéile. Ach sin a mheallfaidh léitheoirí chugat i ndeireadh báire: iadsan a dhul in aithne orthu féin, trí bhíthin na haithne a chuir tusa ar an mise féin a dháileadh orthu. Is i ngan fhios dóibh is fearr san.

Tá le brath ar an dialann go raibh léitheoirí ón Ríordánach in ainneoin a phríobháidí is a bhí mar dhuine: "A léitheoir," a deir sé rómhinic, agus é ag baint úsáid as an tróp Victeoiriach úd. "A léitheoir", a deir sé, agus fós fonn air a raibh á scríobh aige a dhó, ach mar a luaigh Seán Ó Coileáin, níor éirigh leis teacht as an ospidéal chun na dialanna áirithe seo ó 1940 a chur sa tine[8].

De thoradh *Anamlón Bliana*[9] ní bheidh léitheoirí Uí Ríordáin dall ar a shuim sa líníocht, ach tá *Dialanna 1940* anseo maisithe tríd síos le sceitsí dá chuid. De réir dealraimh, bhí sé idir dhá chomhairle tráth ar chóir dó gabháil le scríbhneoireacht nó leis an ealaín. Bhí cumas aige inti. Gníomh grinnbhreathnaithe is ea í; bheadh sin ag teacht lena shúil file.

Is léir ar fud an bhaill a shuim sa léitheoireacht, sa mhachnamh leathan. Níorbh aon fhile áitiúil é dá mhéid a mheas ar an bpobal. Tá lua ar Hilaire Belloc, gan dabht; bhí sé i bhfaisean i measc machnóirí Caitliceacha ag an am; bheadh sé ceadaithe eisean a léamh le coinsias glan. Is léir a mheas ar fhilí an Bhéarla: mura raibh san amhlaidh, ní bheadh á rá ar ball aige, "... bain ded mheabhair / Srathar shibhialtacht an Bhéarla, / Shelley, Keats is Shakespeare: / Fill arís ar do chuid, " agus é ar a bhealach "faobhar na faille siar[10]" go Corca Dhuibhne, chun tumadh i dtobar na hoidhreachta.

Is léir ar iliomad na dtagairtí sna dialanna an cur amach a bhí aige ar scríbhneoirí Béarla na hÉireann chomh maith leis na scríbhneoirí Gaeilge; bhí dúil aige sna scríbhneoirí móra, Yeats, Eliot, Hopkins, agus sna leabhair Ghaeilge a bhféadfadh sé teacht orthu, *Céad de Cheoltaibh Uladh* Énrí Uí Mhuirgheasa[11] agus *Filidheacht na nGaedheal* Phádraig Uí Chanainn ina measc. An leabhar deiridh seo a bhí á léamh aige lá i gCorcaigh, fad a bhí sé ag

8 *Seán Ó Ríordáin, Beatha agus Saothar,* le Seán Ó Coileáin. An Clóchomhar Tta, 1982, lch 6.
9 *Anamlón Bliana ó Dhialanna an Ríordánaigh.* Eag. Tadhg Ó Dúshláine. An Clóchomhar, 2014.
10 *Brosna,* Sáirséal agus Dill, 1964, 'Fill Arís', lch 41.
11 *Na Dialanna,* 1 & 2, 1940, lgh 87-88 agus 96-97.

feitheamh le dul isteach ag an dochtúir, cailín á tabhairt faoi deara aige: "Bhí cosa maithe láidre fúithi agus tón maith siar uirthi," a bhreacann sé an oíche sin: "Tugaim fé ndeara ná molann na filí tón na mban in aon chor ná a gcosa agus im thuairimse níl aon bhall díobh is tábhachtaí ná na baill sin[12]." Is suimiúil go dtagraíonn sé d'aistriúchán Béarla Jefferson But[l]er Fletcher ar *Choiméide Dhiaga* Dante, agus tá paragraf machnaimh ar obair an aistritheora aige ag gabháil leis an tagairt. Caithfidh go raibh an t-aistriúchán i gcúl a chinn nuair a scríobh sé 'Cnoc Mellerí' ar ball, mar a thagraíonn sé don "... tréanmheisce mná / A chorraíonn mar chreideamh na sléibhte / 'Thug léargas do Dante ar Fhlaitheas Dé tráth, / Nuair a thuirling na haingil i riocht véarsaí[13]."

Baineann sé le nádúr na dialainne í a bheith neamhiomlán, leataobhach fiú, tráthúil agus a mhalairt, doimhin ar uairibh, greannmhar ar ócáidí, cancrach, léirsteanach, aduain. Ach baineann beocht agus éascaíocht léi dá réir, agus faightear seoda beaga anseo, mar a ndeineann sé anailís ar a aigne i leith na scríbhneoireachta, ar a chumas inti agus ar a bhfuil ar siúl aige, cuir i gcás[14]. Sa mhír dar dáta 10 Eanáir, tagraíonn sé dá thuiscint ar cad is dialann ann. "Cuntas pearsanta príobháideach," de ghnáth, is ea cín lae, a bhreacann sé.

Tugann seo go dtí cuisle an ghnó mé, dar liom. Áis faoistine is ea dialann i gcás an scríbhneora, áit inar féidir leis an aigne shíorluaimneach a ghabháil, é féin a oibiachtú, breith a thabhairt air féin agus a thuairimí. Áit í inar feidir leis éirí coineasach faoina bhfuil ag déanamh tinnis dó, agus anailís a dhéanamh ar a mbíonn ar siúl aige, áit inar féidir dul i dtaithí ar fhocail a úsáid, a mheá, a bhlaiseadh, agus a bhlas pearsanta féin a bhronnadh orthu, é féin a spreagadh chun oibre. Samhlaím go bhfuil an dialannaíocht ionann is a bheith riachtanach don bhfile sa nua-aois nihilíoch seo againne.

É seo ar fad atá ar siúl ag an Ríordánach sa dialann, a bhraithim. Áis féinaithne aige is ea í. Níl mórán mar í le fáil sa Ghaeilge mar chuaille eolais don scríbhneoir. Cuirimid iachall ar an aos foghlama aistí eolais a scríobh, ach is aistí oibiachtúla iad, faoin tréimhse staire seo, nó an dráma nó an dán úd. Is annamh a iarrtar ar an duine óg scríobh as a mhothúcháin féin.

Ní hé gur inmholta daoine óga a spreagadh chun dul thar fóir leis an bhféinanailís, tráth ar chóra saol sláintiúil na hóige a chaitheamh, ach tá tomhas inmheánach de dhíth chomh maith leis an tomhas seachtrach. Is fiú féinaithne ar mhaithe leis an gcothromaíocht. Ní cóir faitíos. Is cuid dínn an saol inmheánach, an chuid is daonna agus is doimhne.

---

12 Idem, lch 144.

13 *Eireaball Spideoige*, Sáirséal agus Dill, 1952 / 1970, lch 66, véarsa 3.

14 E.g. *Na Dialanna*, 1 & 2, 1940, lgh 43-47.

Ní raibh an Ríordánach faitíosach faoin saol inmheánach. B'éigean dó dul i dtaithí air. Riachtanas dó ab ea é. Mar a admhaíonn sé féin, is beag eile de shaol a bhí aige ach "an leabhairín beag sin agat", a ndúirt a mháthair ina thaobh go mba cheart é a dhó.

Dá luaimní an saol, is mó a bhaineann a ghlór le hábhar. Bhí an bás lena ais, agus mar a deir sé: "D'aontíos dul / Gan mhoill gan ghol, / Bhíos am fhéinmheas / Le hionadh[15]." Bíonn an t-athrú agus an bás sa treis i gcónaí, ach bhí an uaigh ag bagairt air siúd ó bhí sé dhá bhliain is fiche. Comhrac in aghaidh na cinniúna atá sa dialann. In 1938 a chuaigh sé isteach san otharlann i dtús báire. Ar shlí, níor tháinig sé riamh as. Fiú is mé ag labhairt leis ar Bhóthar an Choláiste i gCorcaigh sna seachtóidí luatha, bhí a scamhóga faoi strus i gcónaí i dteas meirbh na hiarnóna cathrach. Bhí an aigne fuinniúil, agus an cholainn meirtnithe.

Chaith sé a shaol a mheas, chaith sé slán a fhágaint leis féin, é fós óg áilíosach, mar a admhaíonn[16]. Iarracht is ea an dialann é féin a shlánú: cuntas as nuachtán, nó blúire as leabhar aige anseo agus ansiúd, chun faoiseamh a thabhairt dó féin ón duine istigh, é ar a shliasaid sa leaba ag breacadh leis, ag cur breis aithne ar an té is mó a raibh aithne aige air, is é ag iarraidh an dorchadas a dhíbirt.

Ceacht don scríbhneoir óg is ea an dialann seo: bí istigh leat féin; déan do chuid féin de d'eispéireas; téigh i dtaithí ar fhocail, ar an tusa atá iontu. Tagaim lena bhfuil sa réamhrá: "Ón gcéad leathanach, feicimid deisbhéalacht Uí Ríordáin… Díol suntais a shaoráideacht teanga agus é ag plé tuairimí agus coincheapa casta go leor…[17]" Sna fichidí luatha a bhí an file ag an am. Níor ghá dó a bheith leithscéalach as an teanga a bheith "leath-liom" aige[18], ná as "suarachas agus teirce" a shaothair, mar a luafadh sé sa réamhrá d'*Eireaball Spideoige*. B'in deis do chriticeoirí tabhairt faoi, gan ainm éinne nach maireann a lua.

Ní raibh samhail na dialainne inmheánaí seo ar fáil don scríbhneoir Gaeilge go dtí seo, cé gur meabhraíodh leabhair áirithe dom: *Ceo Meala Lá Seaca*[19], idir aistí agus cuimhní, le Micheál Mac Liammóir, cuir i gcás, nó *Dialann Deoraí* le Dónall Mac Amhlaigh. Leabhair eile inspioráide le linn m'óige ab ea *Peann agus Pár* agus *Mo Chara Stiofán*[20] le Liam Ó Rinn.

---

15 *Eireaball Spideoige*, Sáirséal agus Dill, 1952 / 1970, 'An Bás,' lch 69 & *Nuabhéarsaíocht*, 1950, lch 83.
16 *Na Dialanna*, 1 & 2, 1940, lgh 32-33 nó lgh 116-118.
17 *Na Dialanna*, 1 & 2, 1940, lch 7.
18 *Brosna*, Sáirséal agus Dill, 1964, lch 25: "Cé nach bog féd chuid a bhraithim tú, / A theanga seo leath-liom."
19 *Ceo Meala Lá Seaca*, Micheál Mac Liammóir. Sáirséal agus Dill, 1952 / 1963.
20 *Mo Chara Stiofán*, Liam Ó Rinn. Oifig an tSoláthair, 1939 / 1957.

Tá rómáns an dóchais le fáil sa leabhar deiridh san, agus tuairimí ar fónamh ó Stiofán Mac Éanna faoina bhféadfadh scríbhneoirí na Gaeilge a dhéanamh chun breith ar bhlas na ré nua. Ar ndóigh, bhíodh altanna spreagúla anseo is ansiúd ar scríbhneoirí agus scríbhneoireacht ag Eoghan Ó Tuairisc; ní raibh teacht éasca orthu gur fhoilsigh an Clóchomhar *Religio Poetae agus Aistí Eile* in 1987. Is fiú na haistí san a athléamh.

Blúire scoir: bíonn go leor comhairle a mhisneodh an scríbhneoir óg le fáil i gcónaí i mBéarla, mar atá in *The New Diary* le Tristine Rainer, áit a mholtar cur chuige ceithre bheann: catairsis faoi bhrú na mothúchán; an tuairisciú nó cur síos ar eachtraí, daoine, áiteanna, taibhrithe agus eile; an tsaor-scríbhneoireacht iomasach chun teacht ar an aigne fholaithe; agus an machnamh lánchoineasach ar do shaol agus do shaothar, chun léargais a fhaightear le cúnamh na modhanna eile a shoiléiriú agus a bheachtú. Sníonn na modhanna éagsúla ina chéile sa scríbhneoireacht féin, ar ndóigh. Áitím go bhfuil a dtreoir mhothúchánach, tuairiscíochta agus saor-smaointeoireachta féin ar fáil ag scríbhneoirí na Gaeilge sna dialanna seo anois. Dea-eiseamláir iad den aigne luaimneach i mbun an saol a shealbhú di féin.

Tá réamhrá cuimsitheach dosaen leathanach leis an leabhar, cló breá soléite, innéacs agus an t-iomlán tugtha amach go slachtmhar mar is dual do Chló Iar-Chonnacht. Nára fada go mbeidh tuilleadh i gcló chugainn as sainchnuasaigh Choláiste Ollscoile Bhaile Átha Cliath.

Nótaí Beathaisnéise na Scríbhneoirí

Colm Breathnach

File, úrscéalaí agus aistritheoir liteartha é Colm Breathnach. Is é *Tírdhreacha* (LeabhairComhar, 2015) an cnuasach filíochta is déanaí uaidh.

Paddy Bushe

File agus aistritheoir é Paddy Bushe. Tá breis is dosaen cnuasach filíochta foilsithe aige, idir Ghaeilge agus Bhéarla, chomh maith le haistriúcháin ó Ghaeilge go Béarla agus ó Gháidhlig go Gaeilge. Is ball de Aosdána é.

Rody Gorman

Rugadh Rody Gorman i mBaile Átha Cliath in 1960. Tá sé ag obair faoi láthair ar shraitheanna a bhaineann le Suibhne Geilt, Covid-19, Gaoth Dobhair is Sléibhte an Oileáin Sciathánaigh, leagan den dán *Birlinn Chlann Raghnaill,* agus mar eagarthóir ar dhuanaire d'fhilíocht Ghàidhlig na linne seo. *Cuala, Dothra* (Coiscéim 2021) an cnuasach is deireanaí uaidh.

Kaarina Hollo

Saolaíodh Kaarina Hollo i Sasana, agus tógadh ansin agus i Meiriceá í. Bhain sí dochtúireacht amach sa Léann Ceilteach in Ollscoil Harvard, ach chaith sí tréimhsí ag léachtóireacht in ollscoileanna éagsúla, Harvard, UCC, Obar Dheathain, agus Sheffield ina measc. Chaith sí ceithre bliana dá saol i mBaile Átha Cliath (trí cinn acu mar scoláire san Institiúid Ard-Léinn), bliain amháin i gCorcaigh agus bliain eile i mBéal Feirste. Bronnadh an Times Stephen Spender Prize 2012 uirthi i ngeall ar a leagan Béarla de 'Marbhghin 1943: Glaoch ar Liombó' le Derry O' Sullivan. Tá dánta agus aistriúcháin dá cuid foilsithe san *Edinburgh Review, Southword , Comhar, The SHop, Aneas,* agus i mbailiuchán nó dó. Foilsíodh saothar acadúil léi in irisí agus i leabhair éagsúla. Bhuaigh 'Bran Dubh is Iolar' Comórtas Chorn Uí Néill 2022.

Liam Mac Cóil

Scríbhneoir agus criticeoir é Liam Mac Cóil atá ina chónaí i Ráth Chairn na Mí. I measc na leabhar atá scríofa aige tá cuntas impriseanaíoch ar shaol agus ar cheolsiansaí Charles Villiers Stanford, *An Chláirseach agus an Choróin* (Leabhar Breac, 2010), tríológ eachtraíochta lonnaithe in aimsir Aodha Mhóir Uí Néill arb é *Bealach na Spáinneach* (Leabhar Breac, 2019) an t-imleabhar deireanach inti, agus *An Choill* (Leabhar Breac, 2016) iarracht ar an úrscéal nár tháinig sa Ghaeilge a scríobh.

Pádraig Mac Fhearghusa

I mBéal Átha Fhínín in Iarthar Chorcaí a saolaíodh Pádraig Mac Fhearghusa, áit a raibh a athair ina Gharda Síochána, ach is ón nGarastún i bhFear Manach agus Gleann Beithe i gCiarraí dá mhuintir. Tá tréimhsí dá shaol caite aige mar bhunmhúinteoir, meánmhúinteoir, aistritheoir, iriseoir, agus chaith sé breis agus scór bliain mar eagarthóir ar an míosachán liteartha *Feasta*. Tá saothrú suntasach déanta aige ar an bhfilíocht ó d'fhoilsigh an Clóchomhar Teoranta a chéad chnuasach, *Faoi Léigear*, in 1980. Ghnóthaigh na cnuasaigh *Mearcair, An Dara Bás & Dánta Eile*, agus *Oilithreacht na gCríoch Déanach* (Coiscéim, BÁC) príomhdhuais filíochta Oireachtas na Gaeilge in 1996, 2001 agus 2020 fá seach. I measc na leabhar eile uaidh tá *Conradh na Gaeilge i gCiarraí* (1995) agus *Tóraíocht an Mhíshonais*, méar ar eolas ar Freud agus Jung (1997). Foilseoidh LeabhairComhar rogha dánta leis sa tsraith Téad na Filíochta go luath. Cónaíonn sé féin agus a bhean, Áine, iar-leabharlannaí, as Baile Héil, Co. Chill Chainnigh, i dTrá Lí agus tá triúr páistí fásta acu, Aoife, Bréanainn agus Damhnait.

Fearghas MacFhionnlaigh

Rugadh Fearghas MacFhionnlaigh in 1948 sa Mhagh Leamhna taobh theas de Loch Laomainn in Albain. Tógadh é in Ontàrio i gCeanada ó 1950 go 1958. Thosaigh sé ag foghlaim Gàidhlige leis féin agus é ina dhéagóir. Le blianta fada ba mhúinteoir ealaíne é in Inbhir Nis, an áit ina bhfuil sé anois éirithe as. Ghlac sé páirt i dTuras na bhFilí le linn na n-óchtóidí agus na nóchaidí. Tá sé aitheanta thar aon ní eile as an trí dhán fada domhan-smaointeacha a d'fhoilsigh sé: *A' Mheanbhchuileag* (1980), *Iolair, Brú-Dhearg, Giuthas* (1991) agus *Bogha-Frois san Oidhche* (1997). In 2018 d'fhoilsigh Coiscéim sár-aistriúchán Gaeilge le Simon Ó Faoláin, dar teideal *An Corrmhíol*, ar an gcéad cheann den trí mhórdhán sin.

Joanne Nic Cárthaigh

File dátheangach í Joanne Nic Cárthaigh agus tá sí ag cur fúithi sna Déise. Tá dánta dá cuid foilsithe i roinnt irisí agus duanairí – ina measc *Aneas, Comhar, Poetry Ireland Review, The Stinging Fly, Rattle, The Honest Ulsterman, An Capall Dorcha, Splonk, The Ireland Chair of Poetry Anthology* agus *The Stony Thursday Book*. Is comheagarthóir í ar an iris The Waxed Lemon. @josieannarua

Eoin McEvoy

Is file, drámadóir, aistritheoir agus ealaíontóir focal é Eoin McEvoy a shaothraíonn trí mheán na Gaeilge agus is é Comhstiúrthóir an chomharghrúpa AerachAiteachGaelach é. Bhí Eoin ina chomhscríbhneoir, comhléiritheoir agus aisteoir sa dráma 'Grindr, Saghdar agus Cher' (2022) in éineacht le Ciara Ní É agus Sam Ó Fearraigh agus bhí sé ina chomhscríbhneoir agus comhléiritheoir ar an dráma 'Idir Mise agus Craiceann do Chluaise' (2021) in éineacht le Ciara Ní É. Roghnaíodh é do scéim Poetry Ireland Introductions 2021 agus tá saothair dá chuid le léamh in *Comhar, Feasta, The Stinging Fly, JoLT, Cyphers* (le teacht), *Trumpet* (le teacht), *Nua Aois* agus sa leabhar *Green Carnations.* Craoladh a shaothar ar Raidió na Gaeltachta, Raidió na Life agus BBC Gaeilge.

Ceaití Ní Bheildiúin

Agallamh sa Cheo - Cnoc Bhréanainn, a ghnóthaigh Gradam Mícheál Ó hAirtnéide 2021, is ea an cnuasach dánta is úra ó pheann Ní Bheildiúin agus an ceathrú cnuasach dá saothar foilsithe ag Coiscéim. In 2022, foilsíodh rogha dánta óna saothair maille le haistriúcháin go Béarla: *Lig don nGiorria Suí / Let the Hare Sit* (Dedalus Press), aistriúcháin le Paddy Bushe, agus *Translating Brandon Mountain* (Ponc Press), aistriúchán ó David Knowles.

Máire Ní Bhriain

Scríobhann Máire Ní Bhriain as Béarla agus as Gaeilge araon. Thar na blianta tá deontais agus sparánachtaí faighte aici ón Roinn Ealaíon de Chomhairle Chontae Loch Garman. Tá a cuid saothair foilsithe i mórán foilseachán, *Feasta, An tUltach, An Linn Bhuí, Southward, Crannóg, The Galway Review, North West Words* ina measc. Bhuaigh sí Duais Fhoras na Gaeilge 2017 ag Seachtain na Scríbhneoirí i Lios Tuathail. Foilsíodh *Ré na n-Úll* le Coiscéim in 2019.

Caitríona Ní Chléirchín

D'fhás Caitríona Ní Chléirchín aníos i Scairbh na gCaorach, Co. Mhuineacháin. Is file, criticeoir, agus léachtóir Gaeilge í in DCU. Tá ceithre leabhar filíochta foilsithe aici. Bhuaigh a céad chnuasach *Crithloinnir* duais an Oireachtais don scríbhneoir úr in 2010 agus bhuaigh a dara cnuasach *An Bhrídeach Sí* (2014) duais Michael Hartnett in 2015. D'fhoilisigh The Gallery Press cnuasach nua léi *The Talk of the Town* le haistriúcháin ó Peter Fallon le déanaí. Luadh a cnuasach *Safó* (Coiscéim, 2020) i measc na leabhair ab fhearr in 2020 ag Tuairisc.ie.

Laoighseach Ní Choistealbha

Tógadh Laoighseach Ní Choistealbha i gceantar an Lagáin in oirthear Dhún na nGall, ach tá cónaí uirthi i nGaillimh ó 2012. Tá sí ag cur fúithi anois i gConamara Theas. Tá a céad chnuasach filíochta, *Solas Geimhridh,* ar na bacáin.

Micheál Ó Conghaile

Is mar scríbhneoir cruthaitheach próis is mó aithne ar Mhicheál Ó Conghaile, go háirithe ó foilsíodh a dhara cnuasach gearrscéalta *An Fear a Phléasc* (1997), an t-úrscéal *Sna Fir* (2000) a bhí ar ghearrliosta Dhuais Liteartha *The Irish Times*, agus an nóibhille *Seachrán Jeaic Sheáin Johnny* (2002). *Sa Teach Seo Anocht* a nóibhille is deireannaí. Léirigh An Taibhdhearc trí dhráma dá chuid agus bronnadh breis agus tríocha duais Oireachtais air thar na blianta chomh maith le duais Stewart Parker/BBC Raidió Uladh, Duais Fhoras na Gaeilge/Sheachtain na Scríbhneoirí i Lios Tuathail, Duais Ionadaíochta an Choimisiúin Eorpaigh/*Anois* agus Gradam Uí Shúilleabháin faoi dhó. Tá gearrscéalta leis aistrithe go breis agus deich dteanga. Ball d'Aosdána é agus bhronn Ollscoil na hÉireann, Gaillimh céim oinigh air sa mbliain 2013. Ar na saothair is nuaí uaidh tá *Colourful Irish Phrases, Nollaig Oileánach* agus *Lámha Bána agus Dánta Eile.*

Gréagóir Ó Dúill

File deich gcnuasach é an Dúilleach a bhfuil a shaothar foilsithe agus aistrithe go forleathan.

Mícheál Ó hUanacháin

Rugadh san Ardchathair, chaith tamall fada blianta le RTÉ mar iriseoir, ag díriú anois ar an scríbhneoireacht chruthaitheach mar ba rún aige ó aois a 16. Ocht gcnuasach filíochta leis foilsithe go dtí seo, an ceann is déanaí *Faoi Choinneáil* (Coiscéim 2020), agus a thuilleadh le teacht, a deir sé. Caitheann sé cuid mhaith den bhliain i gCorca Dhuibhne.

Mícheál Ó Ruairc

Rugadh Mícheál Ó Ruairc sa bhliain 1953 i mBréanainn sa Leitriúch i gContae Chiarraí. Tá cónaí air i mBaile Átha Cliath ó 1980. Tá bailiúchán amháin gearrscéalta foilsithe aige, *Daoine A Itheann Daoine*, a bhuaigh an chéad duais i gComórtais Liteartha an Oireachtais 2010. A lán úrscéalta foilsithe le scór bliain anuas. Tá cúig chnuasach filíochta Gaeilge foilsithe agus ceann amháin as Béarla. Tá roinnt mhaith duaiseanna buaite aige as a chuid filíochta agus foilsíodh dánta dá chuid i ndíolaimí éagsúla. Bhuaigh an bailiúchán dhátheangach, *Dambatheanga:Damlanguage* (Arlen House, 2014) an chéad duais i gComórtais Liteartha an Oireachtais 2014. D'fhoilsigh LeabhairCOMHAR scéinséir nua dar teideal *Fianaise Bhreise* in 2019. Bhuaigh Duais de hÍde ag Féile Filíochta Bhéal na mBuillí in 2018. Cnuasach nua filíochta *Treaspásóir: Trespasser* foilsithe ag Arlen House in 2020. D'fhoilsigh Coiscéim *Thugamar Féin an Samhradh Linn*, saothar beathaisnéise sa bhliain 2022. Bailiúchán dánta dinnseanchais óna cheantar dúchais á chur le chéile aige faoi láthair.

Mícheál Ó Seasnáin
Tá cónaí ar Mhícheál Ó Seasnáin (Michael Sexton) i gCathair Chorcaí ach tá an chuid is mó dá chuid filíochta lonnaithe i nGleann Bearcháin - an paróiste in iarthar Chorcaí arb as a mhuintir. Sna dánta atá cumtha aige go dtí seo, úsáideann sé foirmeacha traidisiúnta go minic chun tírdhreach agus oireacht na háite a iniúchadh. Sa dán anseo, tógann sé turas báid trí na Stacaí (The Stags Rocks) agus an peirspictíocht a bhfaigheann an bádóir mar mheafar don aistear trí dheacrachtaí an tsaoil.

Niall Ó Siadhail
Is scríbhneoir próis é Niall Ó Siadhail ar as Tír Eoghain dó ach atá lonnaithe i mBaile Átha Cliath. Foilsíodh gearrscéalta dá chuid sna hirisí *Splonk*, *The Wexford Bohemian* agus *Howl* agus tá gearrscéal eile le foilsiú in *Combar* gan mhoill. Tá sé ag obair ar a chéad úrscéal faoi láthair.

Peadar Ó hUallaigh
Is ceoltóir agus file é Peadar, tógtha i gCluain Meala agus lonnaithe in Iarthar Duibhneach le dhá scór bliain. Anois go bhfuil an cúigiú cnuasach scríte scagaithe aige, beidh leabhar nua dá chuid ar an saol in am trátha.

Sernin Seal
Scríbhneoir is ea Sernin Seal, a bhfuil saothair dá chuid le léamh i gcló (*Combar, An Gael, Iris Éigse Éireann*) is ar líne (*Splonk*) agus atá ag saothrú ar a chéad leabhar fé láthair.

Alan Titley
Úrscéalta, gearrscéalta, fabhalscéalta, filíocht, drámaí, scrioptanna teilifíse scríte aige. Scoláireacht liteartha ar an nGaeilge agus ar an nGàidhlig chomh maith. Colún seachtainiúil ar *The Irish Times* ar chúrsaí reatha agus aon rud eile a ritheann leis. Foilsíodh leagan Béarla den Táin don óige uaidh i mbliana (Young Island), fara an cnuasach gearrscéalta *Ag Dul i bhFad* (CIC) agus an novella *Óró* (Leabhar Breac). Ollamh emeritus le Nua-Ghaeilge UCC.

Aneas uimhir I

Ar fáil ó Áis, Amazon,
agus díreach ó
www.munsterlit.ie/aneas

PRÓS

Biddy Jenkinson, Réaltán Ní Leannáin, Mícheál Ó Conghaile, Liam Ó Flaithearta

DÁNTA

Colm Breathnach, Paddy Bushe, Philip Cummings, Louis de Paor, Rody Gorman, Marcus Mac Conghail, Áine Moynihan, Ceaití Ní Bheildiúin, Caitríona Ní Chleirchín, Dairena Ní Chinnéide, Nuala Ní Dhomhnaill, Ciara Ní É, Ailbhe Ní Ghearbhuigh, Áine Ní Ghlinn, Colm Ó Ceallacháin, Peadar Ó hUallaigh, Mícheál Ó Ruairc, Cathal Ó Searcaigh, Gabriel Rosenstock, Áine Uí Fhoghlú

CRITIC LITEARTHA

Máirín Nic Eoin, Róisín Ní Ghairbhí, Alan Titley

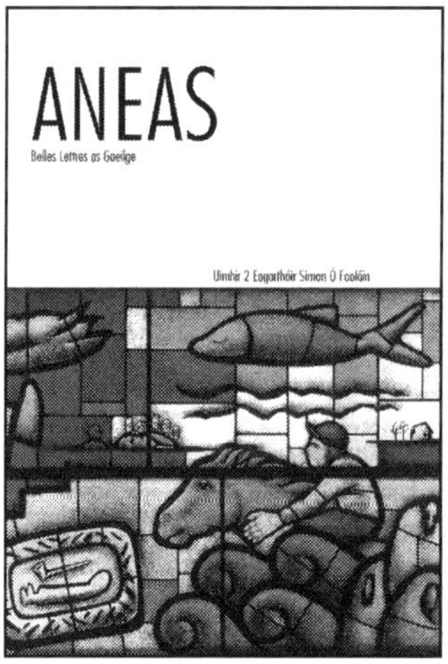

Aneas uimhir 2

Ar fáil ó Áis, Amazon, agus díreach ó www.munsterlit.ie/aneas

Prós

Antain Mac Lochlainn, Pádraig Ó Cíobháin, Dáithí Ó Muirí

Dánta

Aifric Mac Aodha, Phroinsias Mac a' Bhaird, Pól Breathnach, Darragh Ó Caoimh, Eibhlís Carcione, Joanne McCarthy, Eibhlín Ní Chonghaile, Tadhg Ó Dúshláine, T Ellis, Celia de Fréine, Colm Mac Gearailt, Rody Gorman, Stiofán Ó hIfearnáin, Dubhán Ó Longáin, Bríd Ní Mhóráin, Maggie Rabatski, Hannah Kate Ní Shioradáin, Bríd Seoighe, Pádraig Ó Snodaigh, Mícheál Ó hUanacháin, Andreas Vogel

Critic Liteartha

Sorcha de Brún, Shane Grant, Ríona Ní Churtáin

Aneas uimhir 3

Ar fáil ó Áis, Amazon,
agus díreach ó
www.munsterlit.ie/aneas

Prós

Pól Mac Úistín, Biddy Jenkinson, Alan Titley

Dánta

Diarmuid Johnson, Philip Cummings, Caitlín Nic Íomhair, Ailbhe Ní Ghearbhuigh, Julie Breathnach-Banwait, Pádraig Mac Aodha (aist. ag Simon Ó Faoláin), CE Mac Aodhagáin, Doireann Ní Ghríofa, Cathal Ó Searcaigh, Áine Ní Ghlinn, Kaarina Hollo, Caitríona Ní Laighin, Louis de Paor, Padaí de Bléine, Dairena Ní Chinnéide, Áine Uí Fhoghlú, Máire Dinny Wren, Pádraig Ó Súilleabháin

Critic Liteartha

Caitríona Ní Chleircín, Cathal Póirtéir, Proinsias Mc a Bhaird

Nótaí

Nótaí

Nótaí

Nótaí

Nótaí

Printed in Great Britain
by Amazon

30249817R00047